Le grand livre des ABÉCÉDAIRES

Véronique Enginger

Josette Vinas y Roca Anne-Marie Bodson

LTA Le Temps Apprivoisé DMC

GUIDE TECHNIQUE

Vous trouverez dans cet ouvrage 25 modèles d'abécédaires au point de croix. Ce point, qui est très simple à réaliser, convient parfaitement aux débutants. Si vous n'avez encore jamais brodé, vous pouvez débuter avec un abécédaire facile, par exemple *Le cœur cocardier*. Si en revanche vous êtes passé maître dans l'art de broder, le *Souvenir de Watteau* vous séduira certainement. Chacun de ces abécédaires, une fois encadré, deviendra un ravissant tableau, et vous ne résisterez pas au plaisir de les offrir à ceux que vous aimez.

Les abécédaires présentés dans les pages qui suivent ont tous été brodés sur toile Stern-Aïda 5.5 pts/cm, avec trois brins de Mouliné DMC. Leurs dimensions sont indiquées. Si vous désirez un ouvrage plus grand, choisissez une toile plus grosse et brodez avec quatre brins de mouliné. Tous ces modèles peuvent également se broder sur une toile fine, comme du tissu pour draps par exemple, en utilisant un canevas auxiliaire appelé "tire-fil", et un ou deux brins de mouliné. Enfin, rien ne vous empêche de broder ces abécédaires sur du canevas, en choisissant des laines aux coloris proches de ceux indiqués pour le mouliné. Quel que soit le support choisi, utilisez une aiguille à tapisserie, à bout rond, plutôt qu'une aiguille à broder ordinaire.

Si vous n'avez encore jamais brodé au point de croix, voici la marche à suivre : les surfaces se recouvrent en deux temps, à l'aller de gauche à droite, au retour de droite à gauche (croquis A).

A

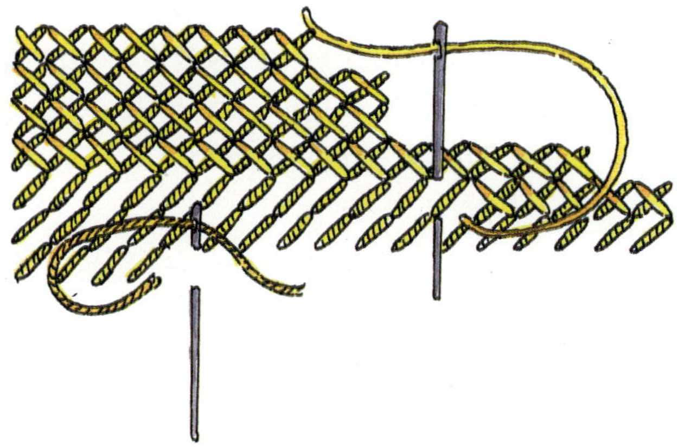

Mais s'il n'y a que de très petits motifs à broder, ou quelques points seulement, il est préférable de broder des croix complètes, de droite à gauche (croquis B).

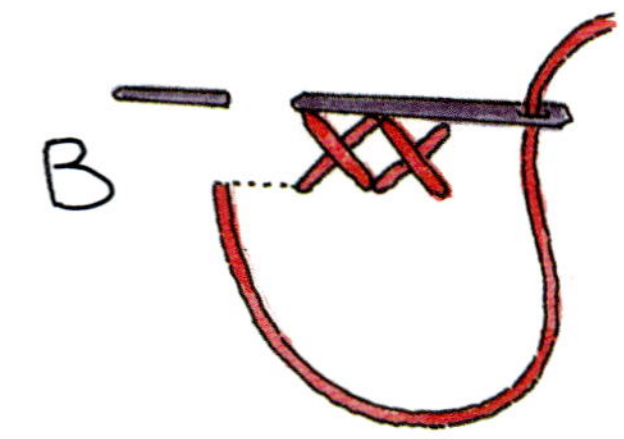

Comme pour le tricot, l'envers doit valoir l'endroit ! Aussi, ne laissez jamais un nœud former une vilaine petite bosse sur l'envers de l'ouvrage, sinon provisoirement.
Voici la meilleure façon de débuter, de terminer (croquis C), et de recommencer avec une nouvelle aiguillée (croquis D) :

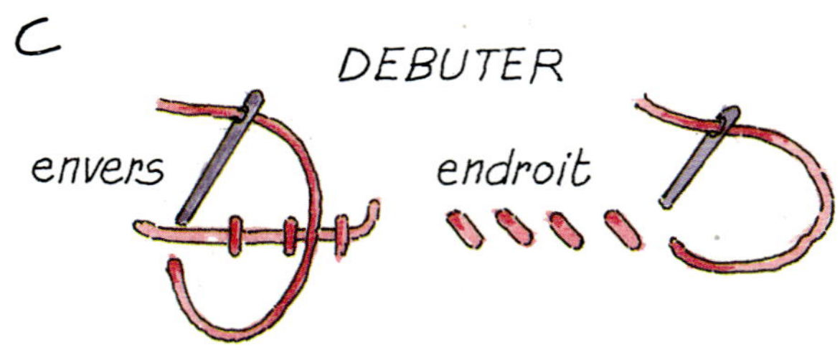

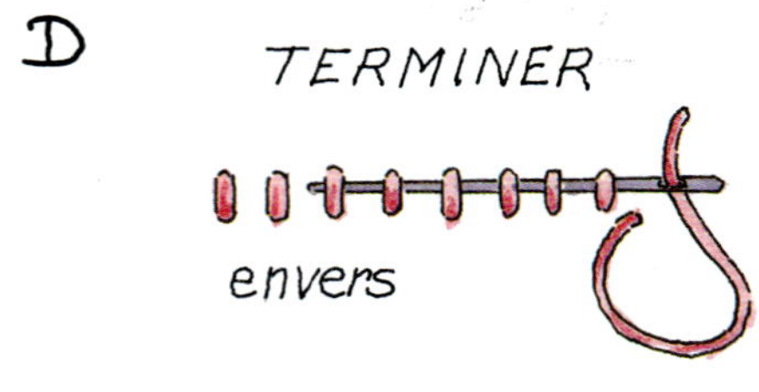

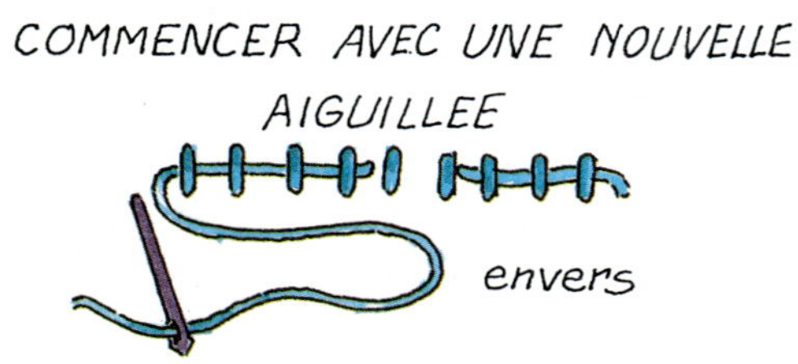

Lorsque vous prenez une échevette de fil en main, ôtez les deux anneaux de papier, dédoublez le fil pour obtenir une grande boucle, et coupez d'un côté. Introduisez les fils dans l'anneau de papier portant le numéro du coloris et tressez sans serrer. Vous prélèverez ainsi très facilement les aiguillées nécessaires (croquis E).

Les indications particulières concernant chaque abécédaire sont données au fil des pages.
Lorsque vous vous trouvez devant des traits fins, utilisez un seul ou deux brins de fil, en brodant au point arrière (croquis F). Procédez de même lorsqu'il s'agit de cerner un motif.
Les dimensions indiquées sont celles de la broderie mesurée près des points les plus extérieurs.

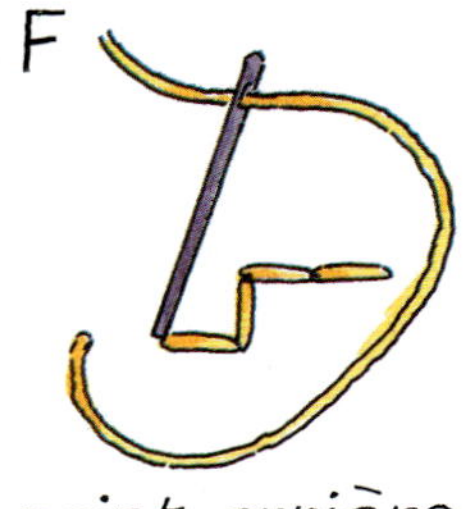

point arrière

Pour plus de commodité et un résultat plus régulier, utilisez un tambour à broder, sans trop tirer sur la toile. Ne laissez pas l'ouvrage tendu en permanence : cela déformerait le tissu. Enlevez-le du tambour lorsque vous l'abandonnez pour quelques heures... ou quelques jours. Le mieux est d'avoir un tambour assez grand pour contenir tout le motif à broder.

LE CHALET DE MON CŒUR

(grille page 36)

Le cœur cocardier

(grille page 37)

Pipo le bien-aimé

(grille pages 38-39)

ALPHACHAT

(grille pages 40-41)

Le pot aux roses

(grille page 46)

MESSAGE FLEURI

(grille pages 42-43)

(grille pages 42-43)

Forget me not

(grille pages 44-45)

Les jardins de Le Nôtre

(grille pages 48-49)

La route rose

(grille page 47)

Le pont des enfants

(grille pages 50-51)

LE PETIT MARCHÉ

(grille page 52)

CHEZ LE FLEURISTE

(grille page 53)

VACANCES EN AQUITAINE

(grille pages 54-55)

SYMPHONIE IN BLUES

(grille pages 56-57)

Les voyages de Bougainville

(grille pages 58-59)

Le grand dégel

(grille pages 60-61)

LES RENNES BLEUS

(grille pages 62-63)

Balade polaire

(grille pages 64-65)

AZULEJOS

(grille page 78)

Alphabet aux oiseaux

(grille pages 66-67)

ARBRE À CHATS

(grille pages 68-69)

VICTOIRE AU SOMMET

(grille pages 70-71)

A COMME ...

(grille pages 72-73)

Jeux d'enfants

(grille pages 74-75)

Souvenir de Watteau

(grille pages 76-77)

DEFG
LM
RS
WXYZ

CARTE DE COULEURS DMC
(Art. 117-115-116)

DMC KLEUREN
(Art. 117-115-116)

Col. 1	Col. 2	Col. 3	Col. 4	Col. 5	Col. 6	Col. 7	Col. 8	Col. 9	Col. 10	Col. 11	Col. 12	Col. 13
3713	819	321	3354	3609	3747	3756	747	928	955	704	907	581
761	818	304	3733	3608	341	775	3761	927	954	703	906	580
760	776	498	3731	3607	340	3325	519	926	913	702	905	734
3712	3326	816	3350	718	3746	3755	518	3768	912	701	904	733
3328	899	815	3689	917	333	334	3760	924	911	700	472	732
347	335	814	3688	915	327	322	517	504	910	699	471	731
948	309	902	3687	554	3753	312	996	503	909	989	470	730
754	326	225	3685	553	3752	311	995	502	369	988	469	834
353	957	224	605	552	932	336	3766	501	368	987	937	833
352	956	223	604	550	931	823	807	500	320	986	936	832
351	963	3722	603	211	930	939	806	993	367	524	935	831
350	3716	3721	602	210	3750	800	3765	992	319	523	934	830
349	962	221	601	209	828	809	598	991	890	522	3053	829
817	961	778	600	208	827	799	597	564	3348	520	3052	746
894	3708	3727	3743	794	813	798	964	563	3347	772	3051	677
893	3706	316	3042	793	826	797	959	562	3346	3364	3013	676
892	3705	3726	3041	792	825	796	958	561	3345	3363	3012	729
891	666	315	3740	791	824	820	943	966	895	3362	3011	680

CARTELLA COLORE DMC
(Art. 117-115-116)

CARTA DE COLORES DMC
(Art. 117-115-116)

DMC FARBTABELLE
(Art. 117-115-116)

Col. 14	Col. 15	Col. 16	Col. 17	Col. 18	Col. 19	Col. 20
3047	3078	3770	712	ÉCRU	BLANC NEIGE	453
3046	445	951	739	543	3024	452
3045	307	945	738	842	3023	451
727	444	3774	437	841	3022	535
726	973	950	436	840	3787	3072
725	972	3773	435	839	3021	648
783	971	3064	434	838	822	647
782	970	407	433	3033	644	646
781	947	3772	801	3782	642	645
780	946	632	898	3032	640	844
745	900	722	938	3781	3790	762
744	3341	721	3371	3031	372	415
743	3340	720	3779	422	371	318
742	922	402	758	420	370	414
741	921	3776	3778	869	613	317
740	920	301	356	977	612	413
608	919	400	355	976	611	3799
606	918	300	3777	975	610	310

Col. 21	Col. 22	Col. 23	Col. 24
B5200	99	67	90
48	95	91	108
62	126	123	51
112	52	125	106
107	102	101	111
57	124	114	61
75	93	122	105
115	113	92	69
	121	94	53
	103	104	116

Numéros de grosseur Perlé

Gros. 3
Gros. 5
Gros. 8
Gros. 12

TABLEAU DE RECHERCHE DES COLORIS
KEY TO COLOR NUMBERS

N° Couleur	Col.	N° Couleur	Col.	N° Couleur	Col.	N° Couleur	Col.	N° Couleur	Col.	N° Couleur	Col.	N° Couleur	Col.	N° Couleur	Col.
ECRU	18	300	16	437	17	640	19	780	14	895	10	964	8	3362	11
BLANC NEIGE	19	301	16	444	15	642	19	781	14	898	17	966	9	3363	11
		304	3	445	15	644	19	782	14	899	2	970	15	3364	11
B 5200	21	307	15	451	20	645	20	783	14	900	15	971	15	3371	17
48	21	309	2	452	20	646	20	791	5	902	3	972	15	3607	5
51	24	310	20	453	20	647	20	792	5	904	12	973	15	3608	5
52	22	311	7	469	12	648	20	793	5	905	12	975	18	3609	5
53	24	312	7	470	12	666	2	794	5	906	12	976	18	3685	4
57	21	315	3	471	12	676	13	796	7	907	12	977	18	3687	4
61	24	316	3	472	12	677	13	797	7	909	10	986	11	3688	4
62	21	317	20	498	3	680	13	798	7	910	10	987	11	3689	4
67	23	318	20	500	9	699	11	799	7	911	10	988	11	3705	2
69	24	319	10	501	9	700	11	800	7	912	10	989	11	3706	2
75	21	320	10	502	9	701	11	801	17	913	10	991	9	3708	2
90	24	321	3	503	9	702	11	806	8	915	5	992	9	3712	1
91	23	322	7	504	9	703	11	807	8	917	5	993	9	3713	1
92	23	326	2	517	8	704	11	809	7	918	15	995	8	3716	2
93	22	327	6	518	8	712	17	813	6	919	15	996	8	3721	3
94	23	333	6	519	8	718	5	814	3	920	15	3011	12	3722	3
95	22	334	7	520	11	720	16	815	3	921	15	3012	12	3726	3
99	22	335	2	522	11	721	16	816	3	922	15	3013	12	3727	3
101	23	336	7	523	11	722	16	817	1	924	9	3021	19	3731	4
102	22	340	6	524	11	725	14	818	2	926	9	3022	19	3733	4
103	22	341	6	535	20	726	14	819	2	927	9	3023	19	3740	4
104	23	347	1	543	18	727	14	820	7	928	9	3024	19	3743	4
105	24	349	1	550	5	729	13	822	19	930	6	3031	18	3746	6
106	24	350	1	552	5	730	13	823	7	931	6	3032	18	3747	6
107	21	351	1	553	5	731	13	824	6	932	6	3033	18	3750	6
108	24	352	1	554	5	732	13	825	6	934	12	3041	4	3752	6
111	24	353	1	561	9	733	13	826	6	935	12	3042	4	3753	6
112	21	355	17	562	9	734	13	827	6	936	12	3045	14	3755	7
113	22	356	17	563	9	738	17	828	6	937	12	3046	14	3756	7
114	23	367	10	564	9	739	17	829	13	938	17	3047	14	3760	8
115	21	368	10	580	13	740	14	830	13	939	7	3051	12	3761	8
116	24	369	10	581	13	741	14	831	13	943	8	3052	12	3765	8
121	22	370	19	597	8	742	14	832	13	945	16	3053	12	3766	8
122	23	371	19	598	8	743	14	833	13	946	15	3064	16	3768	9
123	23	372	19	600	4	744	14	834	13	947	15	3072	20	3770	16
124	22	400	16	601	4	745	14	838	18	948	1	3078	15	3772	16
125	23	402	16	602	4	746	13	839	18	950	16	3325	7	3773	16
126	22	407	16	603	4	747	8	840	18	951	16	3326	2	3774	16
208	5	413	20	604	4	754	1	841	18	954	10	3328	1	3776	16
209	5	414	20	605	4	758	17	842	18	955	10	3340	15	3777	17
210	5	415	20	606	14	760	1	844	20	956	2	3341	15	3778	17
211	5	420	18	608	14	761	1	869	18	957	2	3345	10	3779	17
221	3	422	18	610	19	762	20	890	10	958	8	3346	10	3781	18
223	3	433	17	611	19	772	11	891	1	959	8	3347	10	3782	18
224	3	434	17	612	19	775	7	892	1	961	2	3348	10	3787	19
225	3	435	17	613	19	776	2	893	1	962	2	3350	4	3790	19
		436	17	632	16	778	3	894	1	963	2	3354	4	3799	20

DMC

GRILLES
des abécédaires

LE CHALET DE MON CŒUR

Dimensions du motif : 176 x 182 mm.
Toile Stern-Aïda 5.5 pts / cm, fil Mouliné DMC (3 brins).
Brodez les bouches et les yeux au point de piqûre à l'aide d'un seul brin.

◪ = 824 (2 éch.)	◎ = 322 (3 éch.)	◿ = 760 (4 éch.)
⊡ = 554 (1 éch.)	● = 3350 (2 éch.)	Y = 742 (1 éch.)
⊠ = 792 (3 éch.)	▣ = 335 (2 éch.)	▲ = 817 (1 éch.)

LE CŒUR COCARDIER

Dimensions du motif : 160 x 198 mm
Toile Stern-Aïda 5.5 pts / cm, fil Mouliné DMC (3 brins).
Les traits fins s'exécutent au point de piqûre à l'aide de deux brins.

⊡ = 517 (3 éch.) ⧅ = 794 (2 éch.)
◩ = 797 (3 éch.) ⊠ = 817 (2 éch.)

Pipo
le bien-aimé

Dimensions du motif : 190 x 165 mm

Toile Stern-Aïda 5.5 pts / cm, fil Mouliné DMC (3 brins).

⊠ = 825 (2 éch.)

◸ = 827 (1 éch.)

▽ = 350 (1 éch.)

⊞ = 351 (1 éch.)

● = 3685 (1 éch.)

◫ = 3078 (1 éch.)

⁄ = 834 (1 éch.)

c = 931 (1 éch.)

L = 3752 (1 éch.)

◎ = 762 (1 éch.)

· = blanc (1 éch.)

■ = 3799 (1 éch.)

— = 3799 point de piqûre

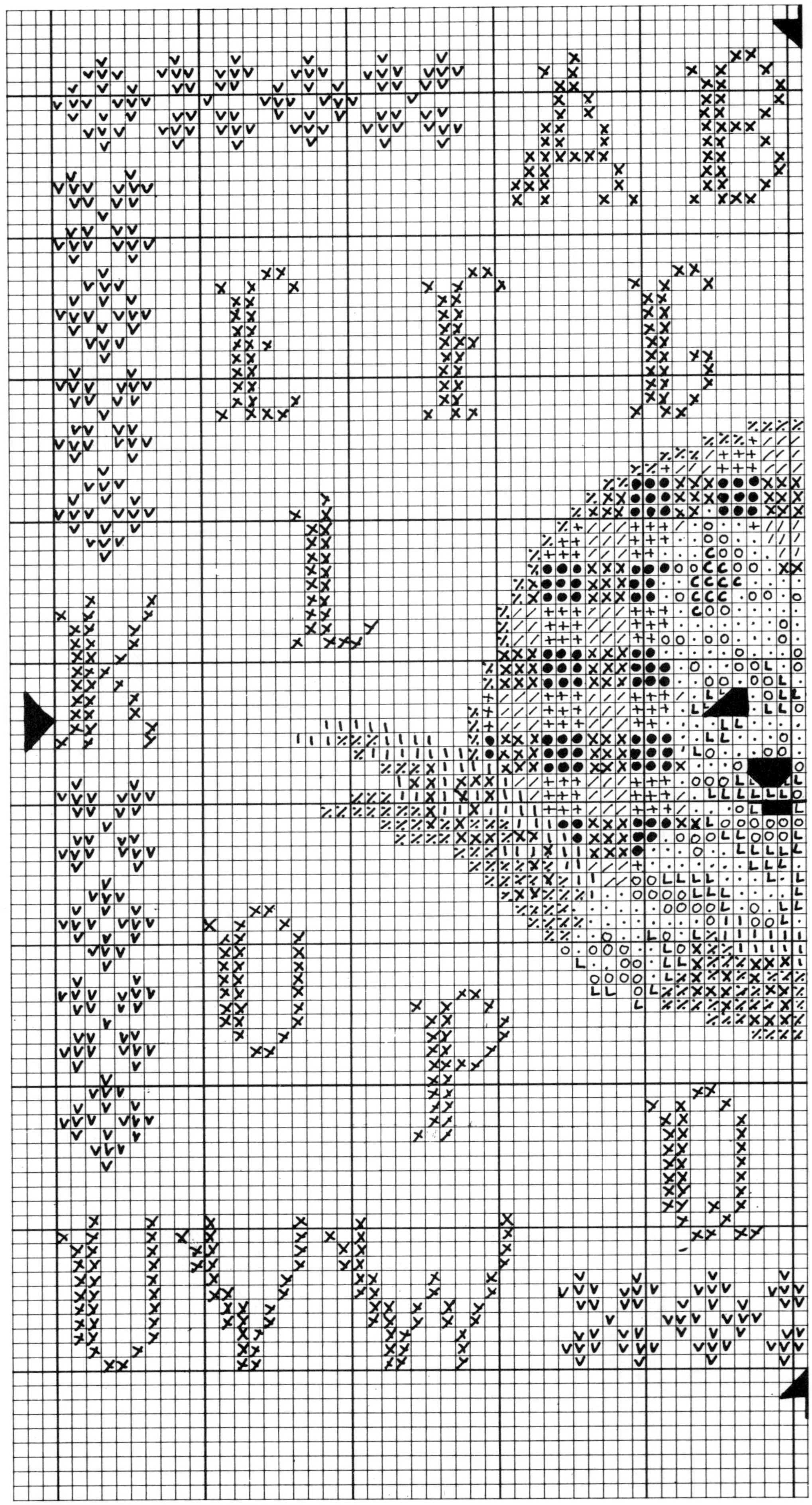

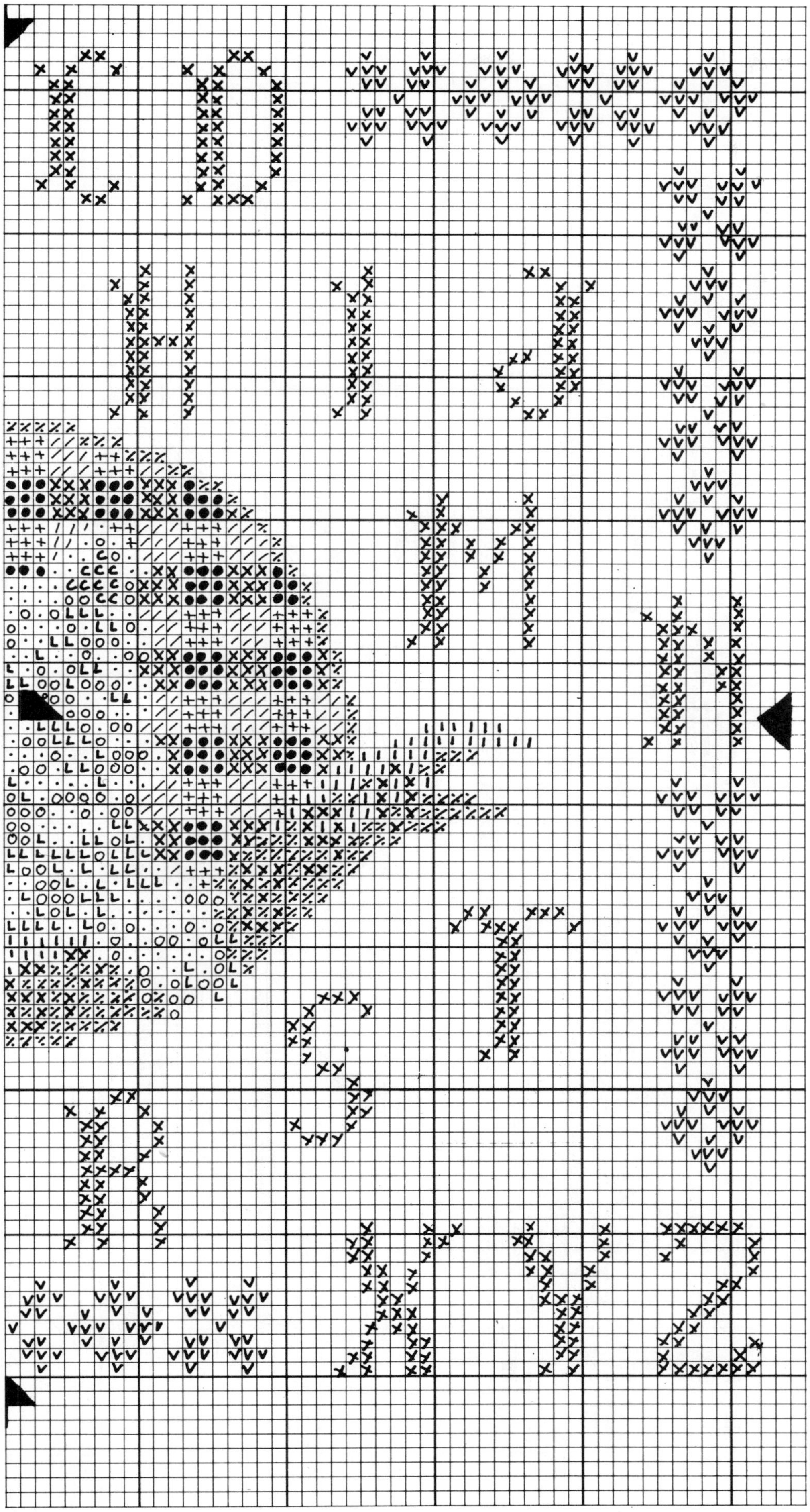

ALPHACHAT

Dimensions du motif : 190 x 280 mm
Toile Stern-Aïda 5.5 pts / cm, fil Mouliné DMC (3 brins).
Les queues des souris sont brodées en Mouliné 962 (rose), au point de piqûre.
N'oubliez pas de broder les moustaches et les yeux des chats et des souris avec du Mouliné 3021.

- ⊠ = 825 (1 éch.)
- ⊡ = 827 (2 éch.)
- ⧅ = 807 (1 éch.)
- ⧈ = 972 (1 éch.)
- ⊞ = 760 (1 éch.)
- ◩ = 976 (1 éch.)
- ◉ = 3350 (1 éch.)
- ⧩ = 962 (1 éch.)
- ▲ = 3033 (1 éch.)
- ◪ = 3021 (1 éch.)
- ◎ = 762 (1 éch.)
- ⧄ = 927 (1 éch.)
- ⧩ = 645 (1 éch.)
- ⧩ = 754 (1 éch.)
- ⧩ = 407 (1 éch.)

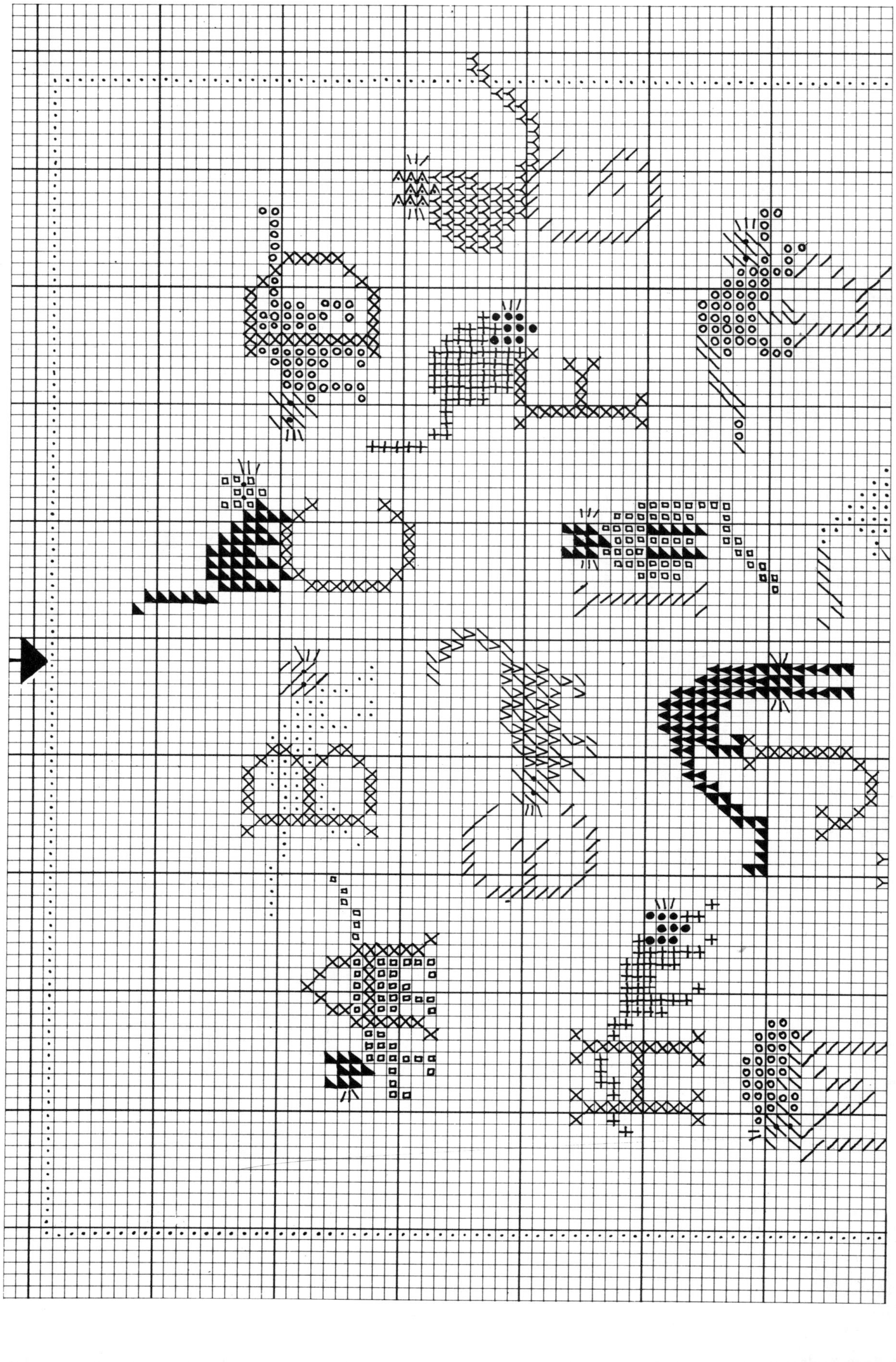

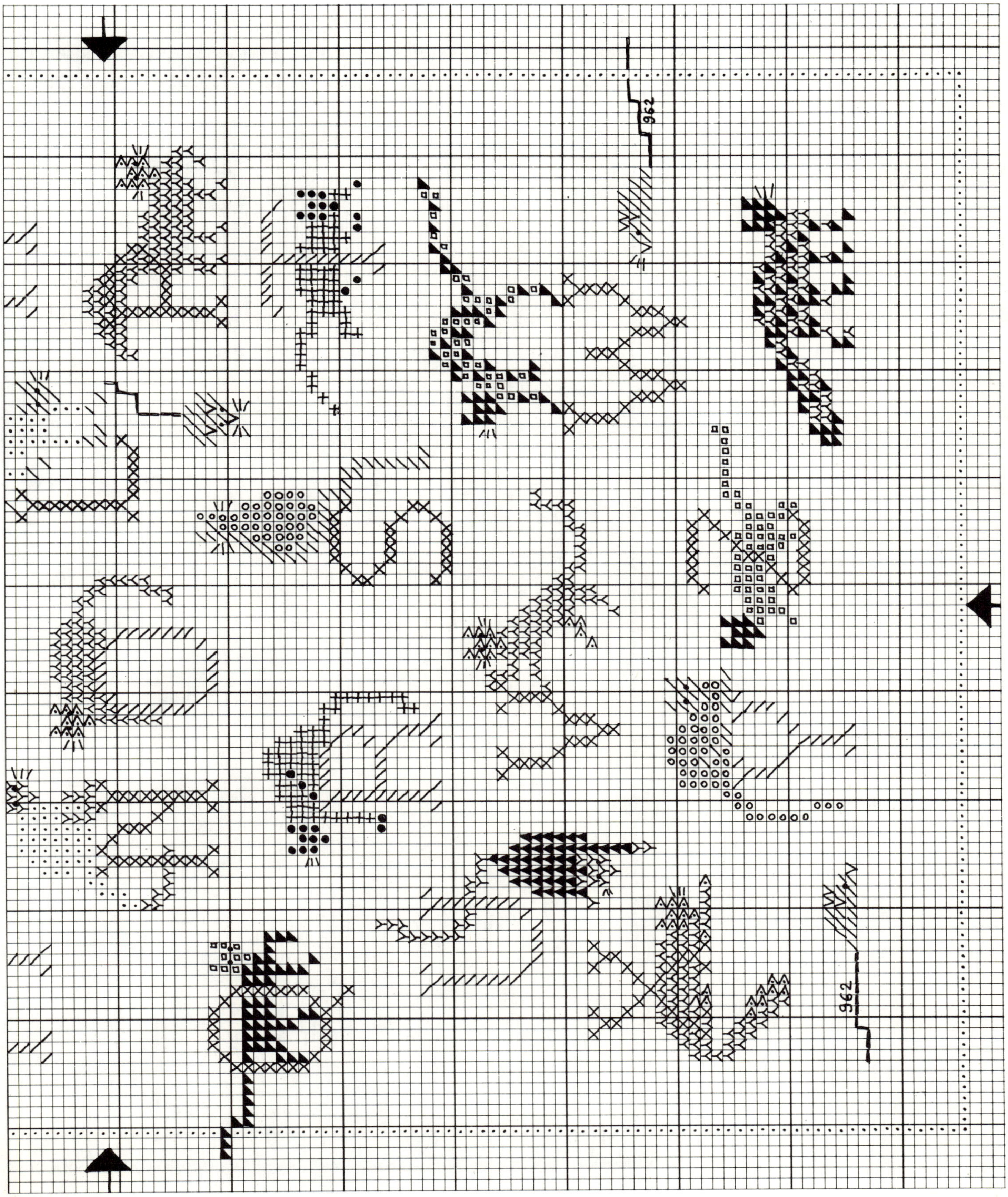
962
962

MESSAGE FLEURI

Dimensions du motif : 190 x 270 mm
Toile Stern-Aïda 5.5 pts / cm, fil Mouliné DMC (3 brins).

- N = 632 (1 éch.)
- ○ = 437 (1 éch.)
- ⊞ = 3773 (3 éch.)
- Z = 523 (3 éch.)
- ☒ = 956 (1 éch.)
- ⊟ = 3708 (1 éch.)
- V = 818 (1 éch.)
- ● = 501 (1 éch.)
- ■ = 930 (1 éch.)
- ⧄ = 3755 (1 éch.)
- ⊡ = blanc (1 éch.)
- c = 744 (1 éch.)
- ◫ = 3753 (1 éch.)
- ◪ = 322 (1 éch.)

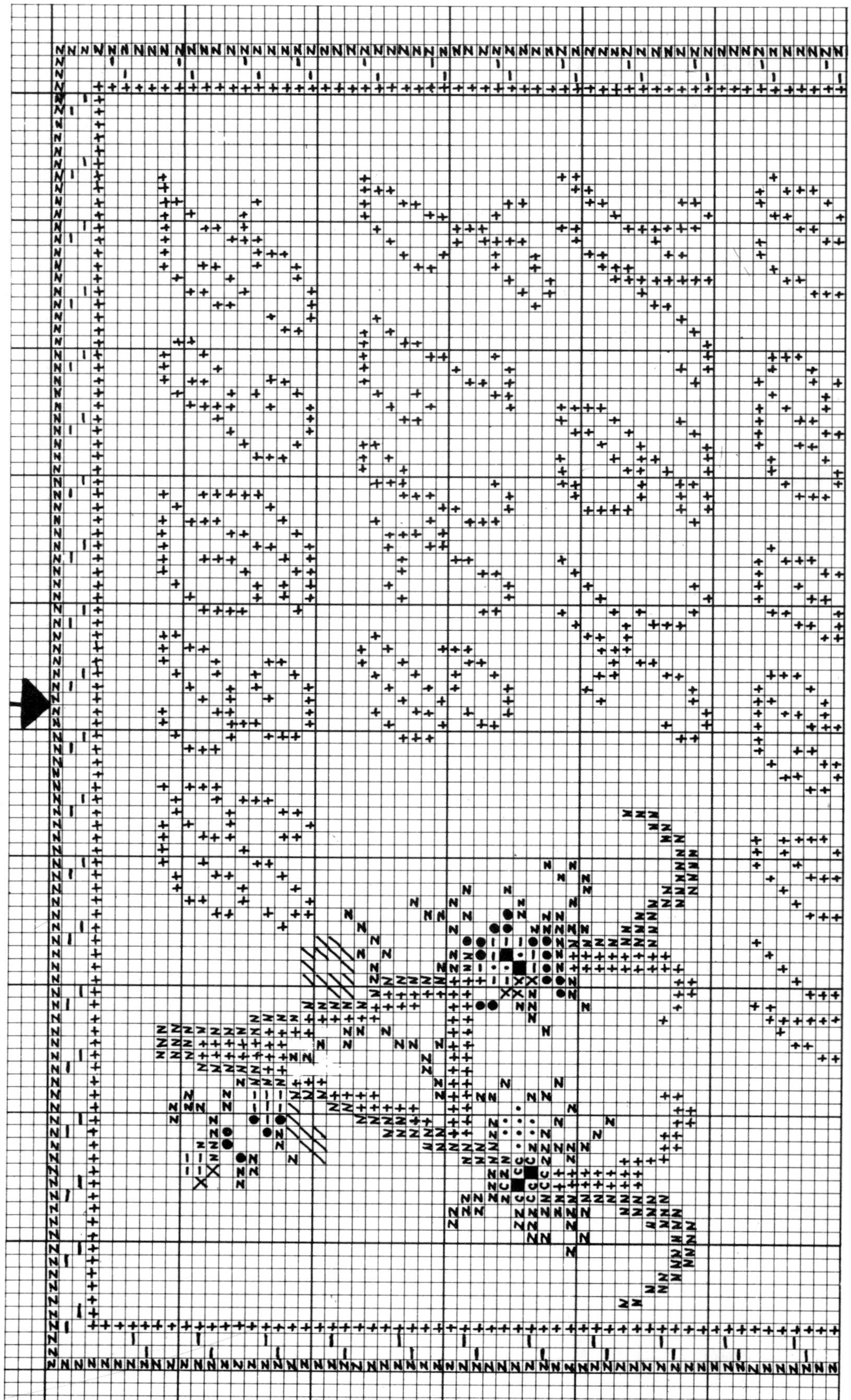

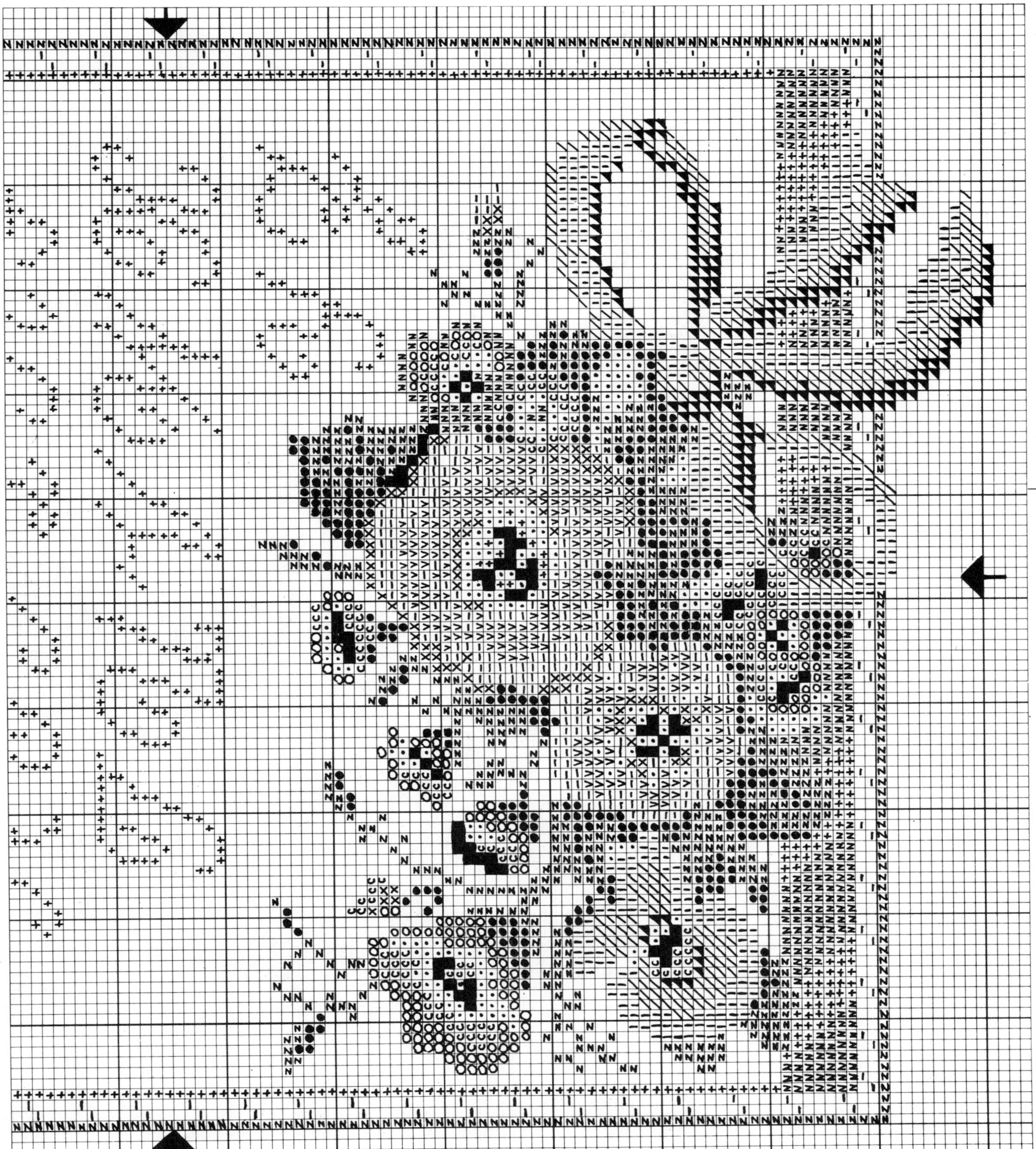

Forget me not

Dimensions du motif : 200 x 275 mm
Toile Stern-Aïda 5.5 pts / cm, fil Mouliné DMC (3 brins).

- ◣ = 798 (1 éch.)
- ⧅ = 813 (1 éch.)
- ⊠ = 108 (2 éch.)
- ◤ = 701 (4 éch.)
- ⊡ = 67 (4 éch.)
- ▣ = 743 (4 éch.)
- ⧄ = 3078 (3 éch.)
- ● = 121 (3 éch.)
- ◎ = 703 (3 éch.)

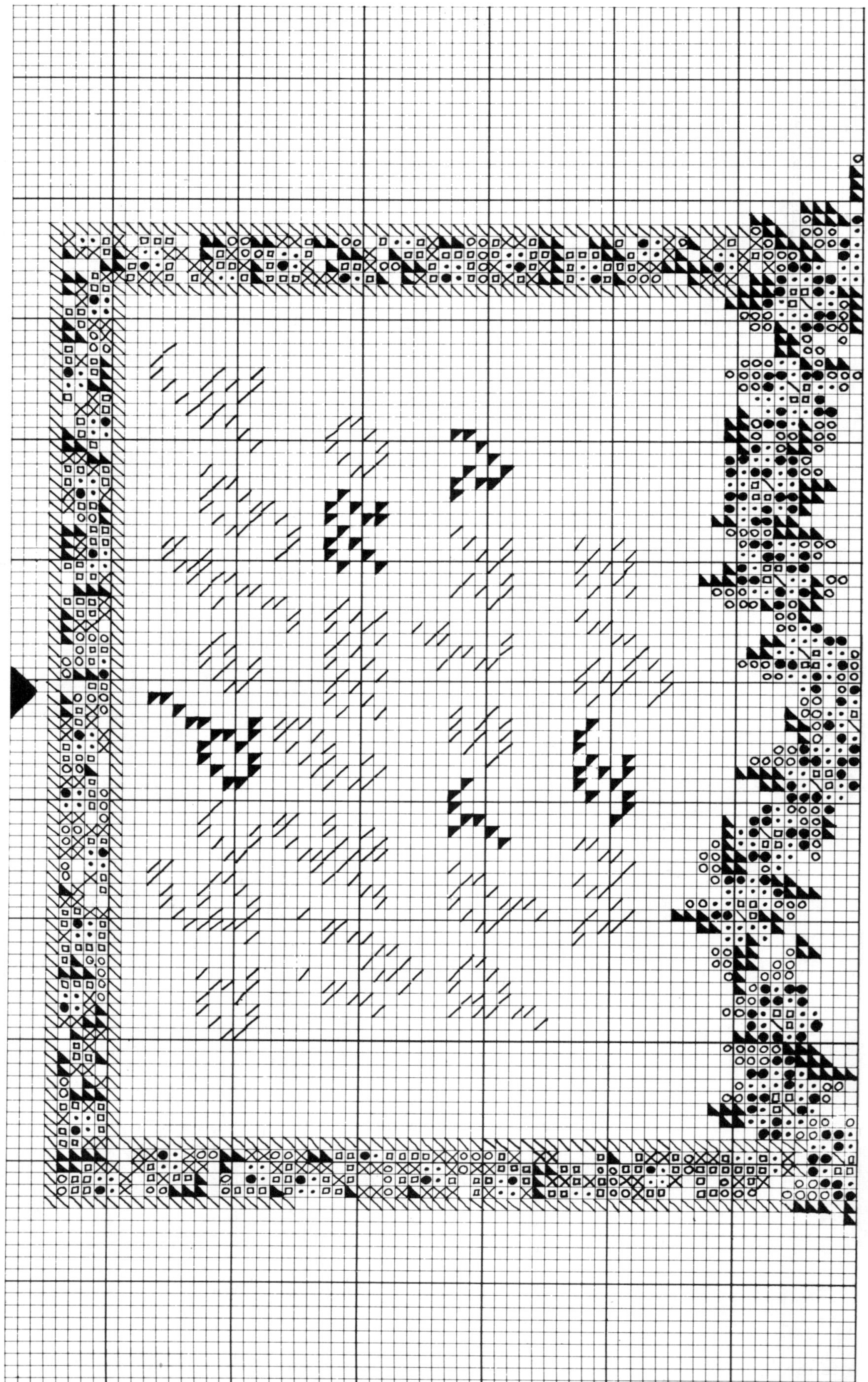

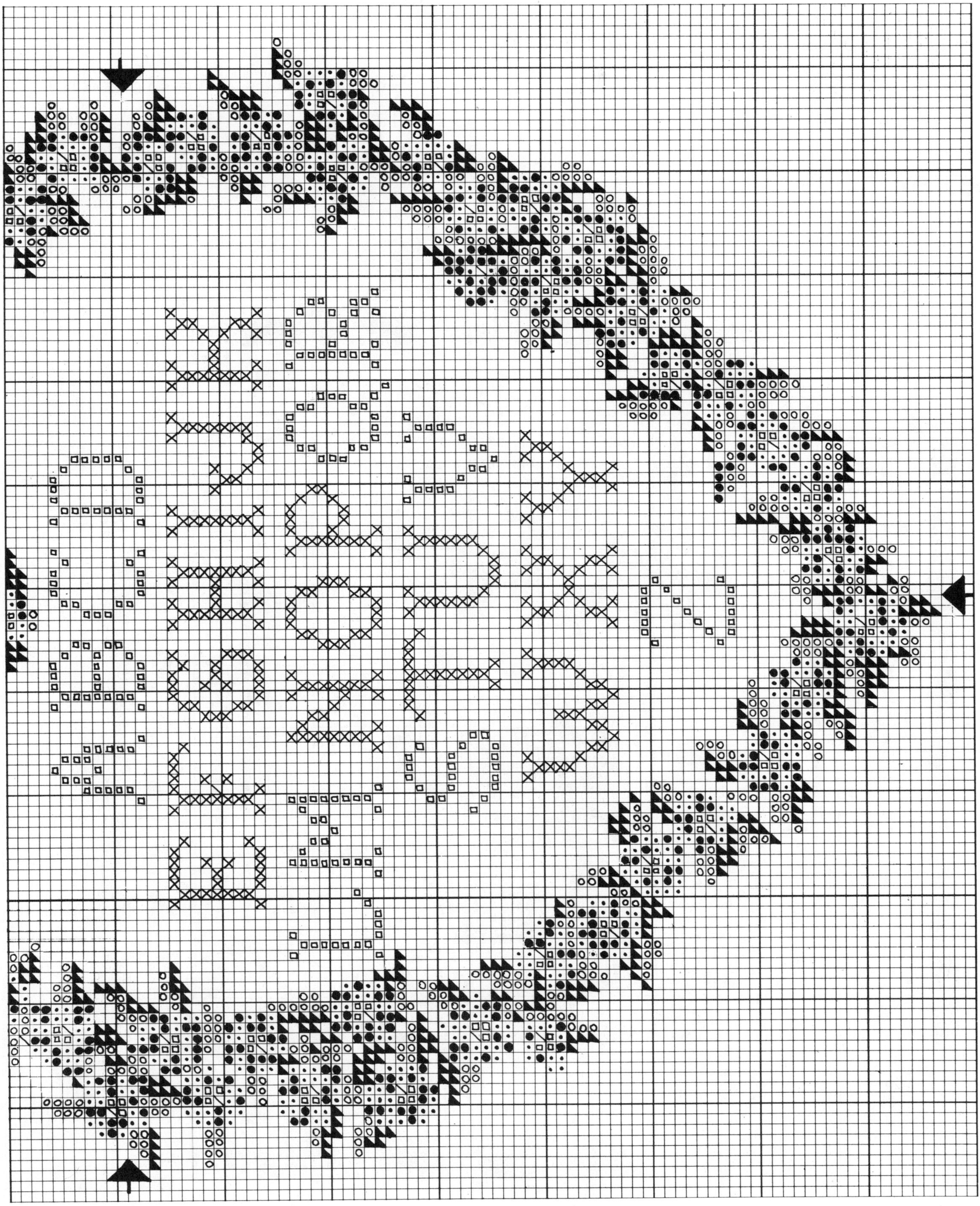

LE POT AUX ROSES

Dimensions : 170 x 170 mm

Toile Stern-Aïda 5.5 pts / cm, fil Mouliné DMC (3 brins).

◯ = 3731 (4 éch.)	Z = 434 (2 éch.)	⊠ = 3326 (1 éch.)	‖ = 437 (1 éch.)
▽ = 422 (2 éch.)	• = blanc (1 éch.)	⊟ = 501 (1 éch.)	⊞ = 3753 (2 éch.)
● = 926 (3 éch.)	⧄ = 351 (1 éch.)	T = 3053 (1 éch.)	△ = 326 (1 éch.)
■ = 801 (3 éch.)			

La route rose

Dimensions : 145 x 200 mm

Toile Stern-Aïda 5.5 pts / cm, fil Mouliné DMC (3 brins).

⊠ = 3347 (3 éch.)	◩ = 961 (1 éch.)	△ = 727 (1 éch.)
◺ = 3348 (3 éch.)	◪ = 517 (1 éch.)	⊡ = 754 (3 éch.)
◉ = 309 (1 éch.)	⧅ = 3688 (1 éch.)	⧈ = 369 (2 éch.)

Les jardins de Le Nôtre

Dimensions : 240 x 177 mm
Toile Stern-Aïda 5.5 pts / cm,
fil Mouliné DMC (3 brins).

- c = 704 (2 éch.)
- ☒ = 702 (1 éch.)
- ⧄ = 911 (2 éch.)
- ● = 986 (1 éch.)
- H = 469 (1 éch.)
- ⁒ = 732 (1 éch.)
- I = 3348 (2 éch.)
- ▼ = 987 (1 éch.)
- ■ = 500 (1 éch.)
- ⊟ = 676 (1 éch.)
- Z = 402 (1 éch.)
- ⟋• = 3776 (1 éch.)
- ⊡ = 727 (1 éch.)
- ⊞ = 972 (1 éch.)
- ◎ = 605 (1 éch.)
- V = 603 (1 éch.)
- ◢ = 350 (1 éch.)
- 3 = 828 (1 éch.)
- T = 813 (1 éch.)

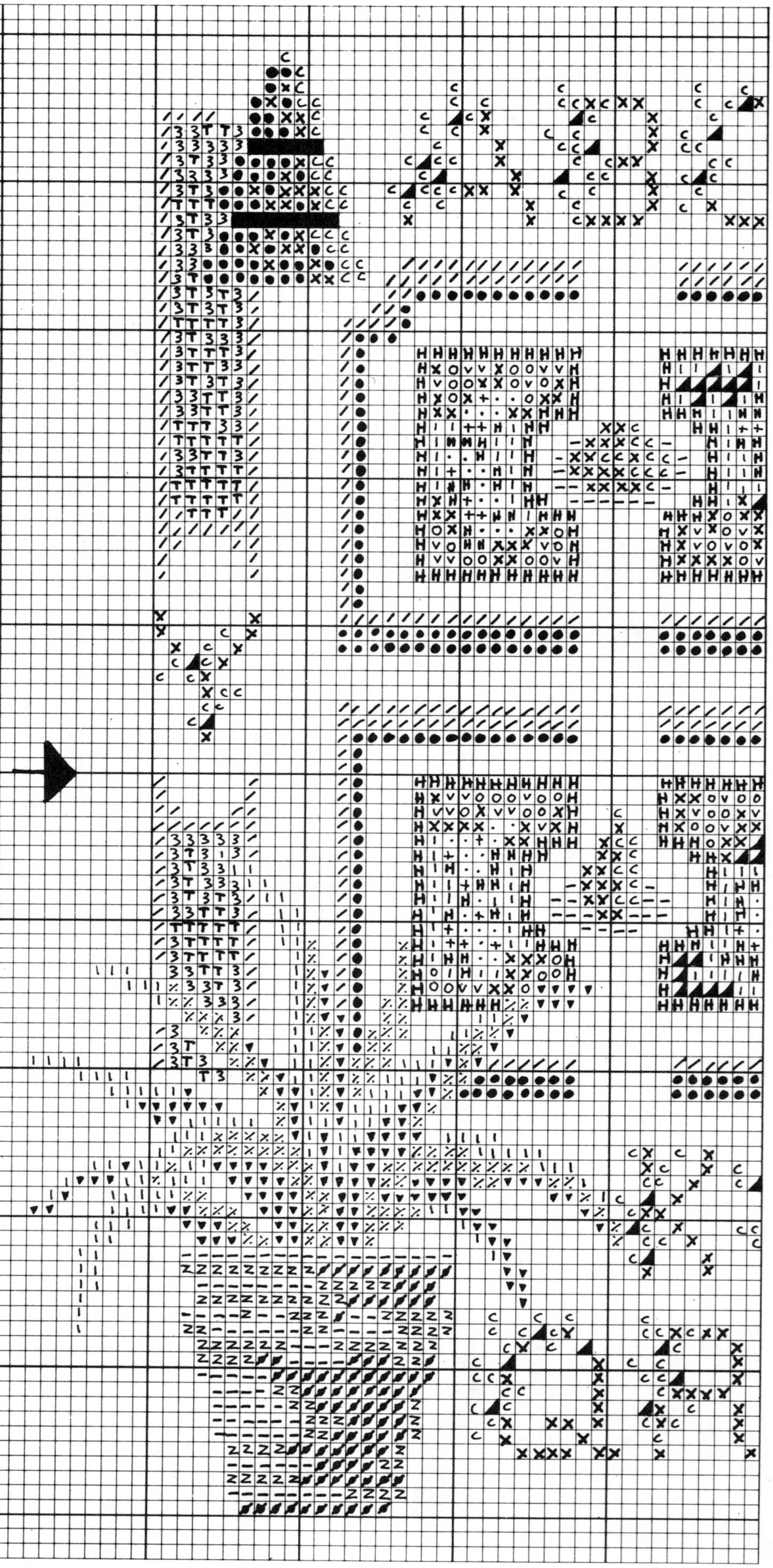

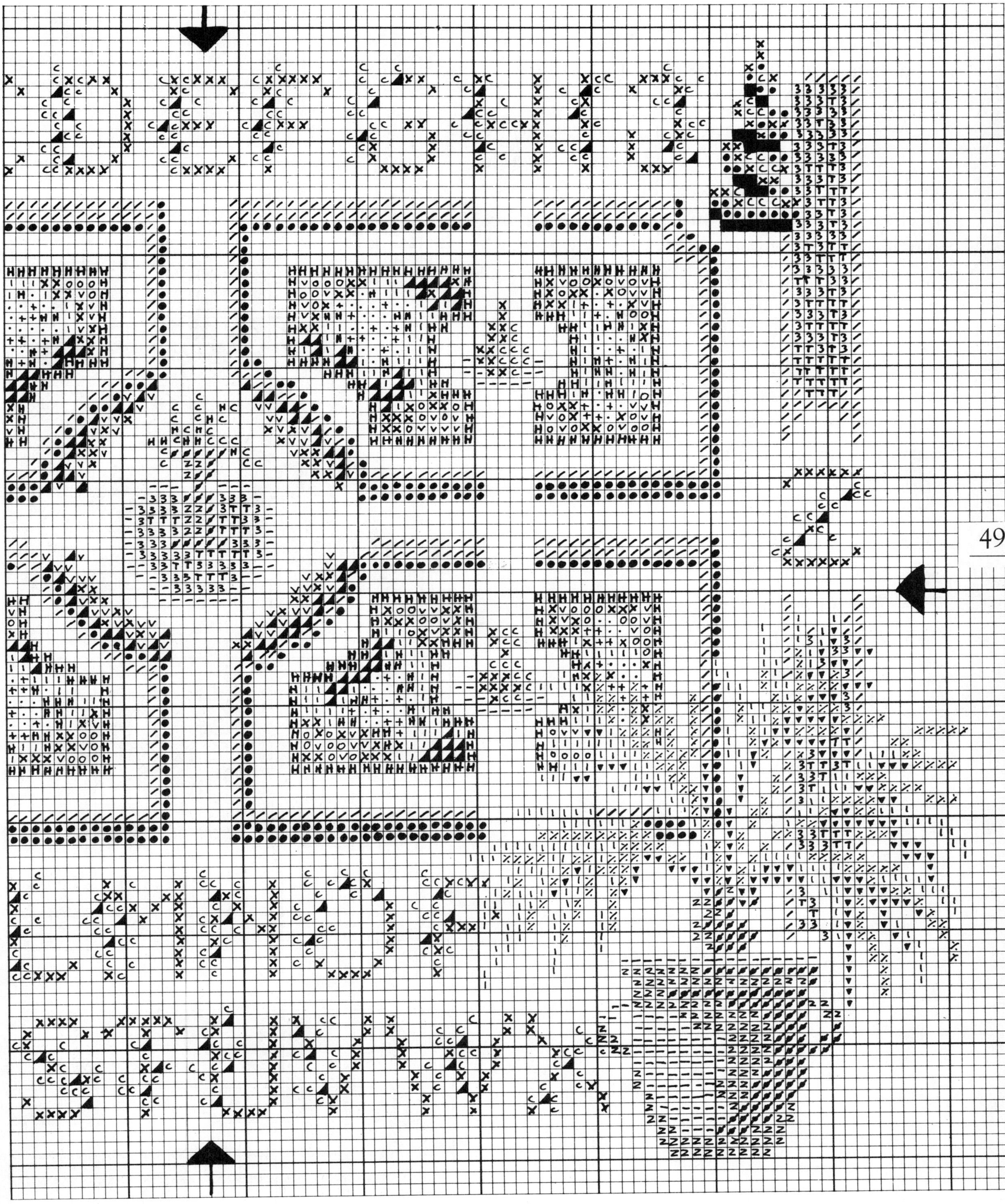

LE PONT DES ENFANTS

Dimensions du motif : 275 x 270 mm
Toile Stern-Aïda 5.5 pts / cm, fil Mouliné DMC (3 brins).

Les canards sont cernés au point de piqûre avec du Mouliné 725. Les rameaux de saule et les tiges des roseaux se brodent au point de piqûre avec du Mouliné 987 (vert). Les parties brodées avec du Mouliné ombré 92 s'exécutent par points de croix complets et par petites zones, et non par lignes. Le dessous du pont, délimité sur la grille par des traits, se brode de même, par petites zones, avec du Mouliné ombré 53 (gris).
Brodez finement les bouches et les yeux en variant leurs couleurs à votre gré.

- = 3072 (6 éch.)
- = 436 (1 éch.)
- = 53 (3 éch.)
- = 3021 (1 éch.)
- = 957 (1 éch.)
- = 3689 (1 éch.)
- = 741 (1 éch.)
- = 725 (1 éch.)
- = 727 (1 éch.)
- = blanc neige (1 éch.)
- = écru (1 éch.)
- B = 334 (3 éch.)
- = 827 (3 éch.)
- = 3347 (4 éch.)
- = 92 (4 éch.)
- = 987 (2 éch.)

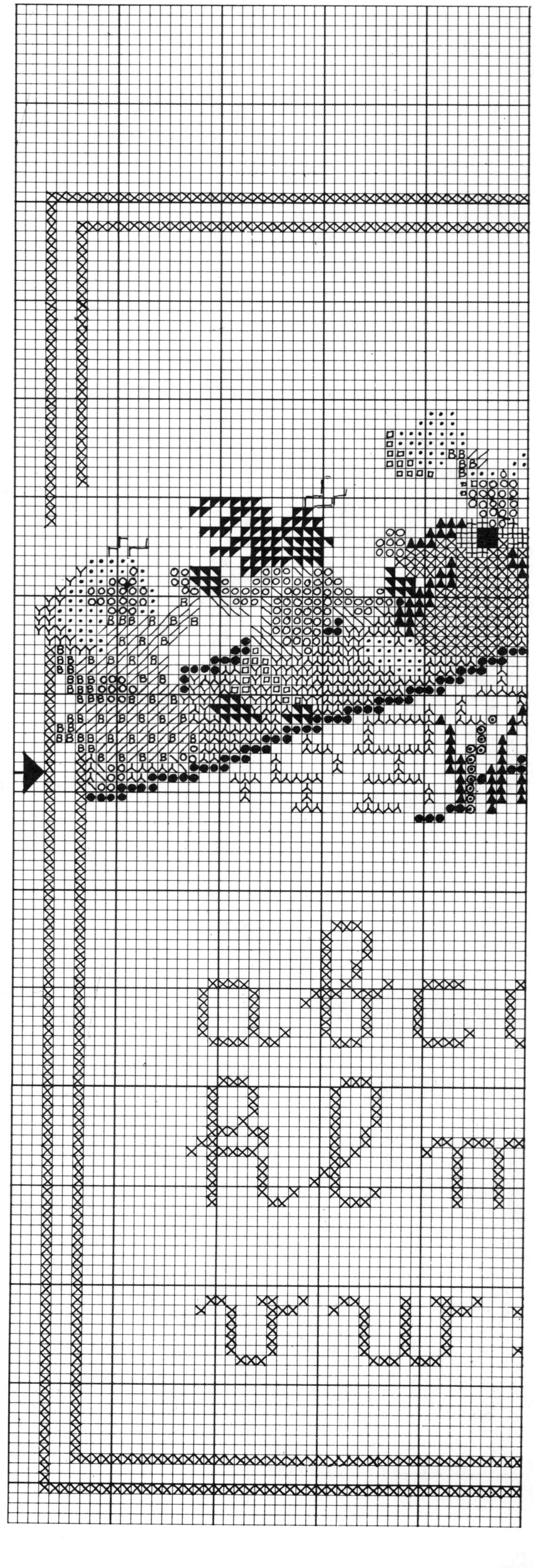

LE PETIT MARCHÉ

Dimensions du motif : 157 x 160 mm
Toile Stern-Aïda 5.5 pts / cm, fil Mouliné DMC (3 brins).

⧄ = 890 (1 éch.)	3 = 676 (1 éch.)	⊞ = 3045 (1 éch.)	// = 931 (1 éch.)
V = 987 (1 éch.)	◯ = 745 (1 éch.)	L = 722 (1 éch.)	☒ = 799 (1 éch.)
⁒ = 704 (1 éch.)	• = 746 (1 éch.)	⊟ = 350 (1 éch.)	▼ = 727 (1 éch.)
c = 472 (1 éch.)	◫ = 3046 (1 éch.)	◢ = 816 (1 éch.)	

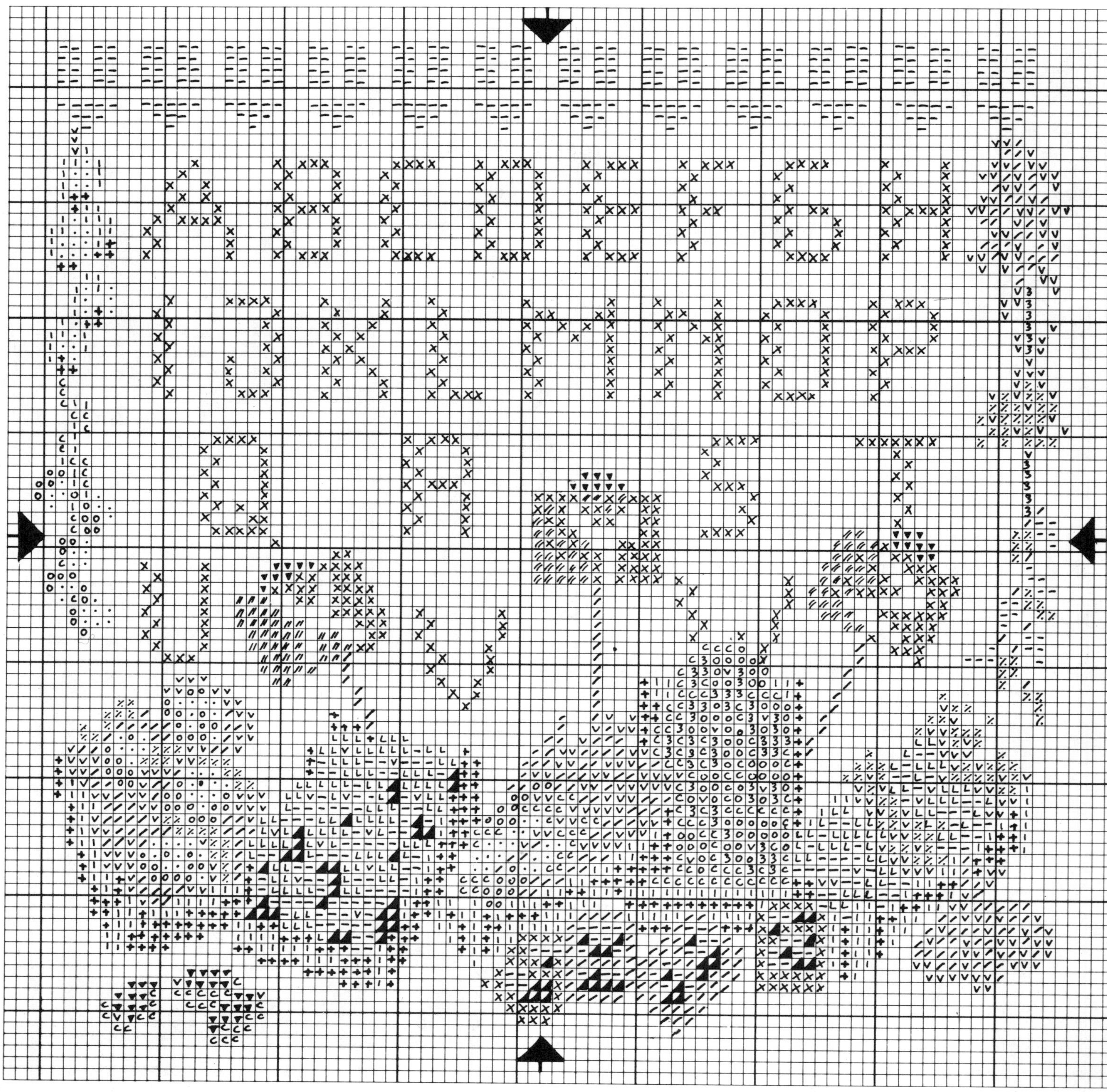

CHEZ LE FLEURISTE

Dimensions du motif : 160 x 150 mm / Toile Stern-Aïda 5.5 pts / cm, fil Mouliné DMC (3 brins).
Les traits fins se brodent au point arrière avec deux brins.

☒ = 799 (1 éch.)	Z = 470 (1 éch.)	c = 350 (1 éch.)	L = 605 (1 éch.)
◿ = 987 (1 éch.)	○ = 729 (1 éch.)	3 = 722 (1 éch.)	▼ = 208 (1 éch.)
▽ = 703 (2 éch.)	● = 435 (1 éch.)	⊞ = 726 (1 éch.)	• = 747 (1 éch.)
⁒ = 472 (1 éch.)	◢ = 816 (1 éch.)	⊟ = 445 (1 éch.)	// = 927 (1 éch.)

— = pt piqûre, Mouliné 208 ····· = pt piqûre, Mouliné 703 — = pt piqûre, Mouliné 987

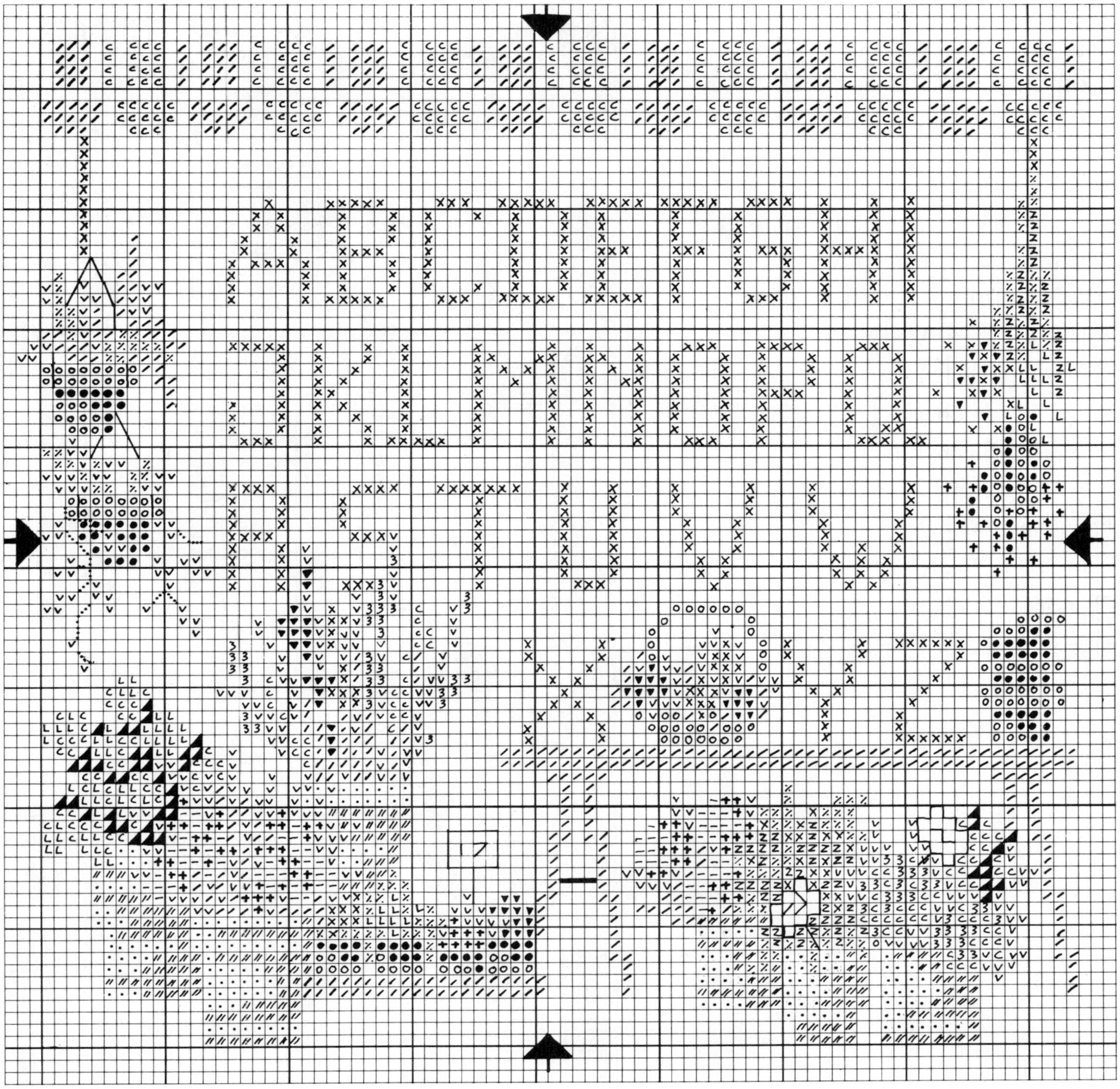

Vacances en Aquitaine

Dimensions du motif :
280 x 290 mm
Toile Stern-Aïda 5.5 pts / cm, fil Mouliné DMC (3 brins).
Les parties à broder avec le fil Mouliné ombré 94 s'exécutent par points de croix complets et non par lignes. Utilisez les dégradés du fil pour créer des zones de couleur et avoir ainsi un effet de relief. Selon l'endroit du fil que vous utilisez, vous obtiendrez peut-être un effet légèrement différent de celui de la photo. C'est en avançant dans la réalisation de votre ouvrage que vous comprendrez comment arriver au résultat recherché.

- ⊠ = 977 (6 éch.)
- ◺ = 778 (4 éch.)
- ◎ = 712 (5 éch.)
- ⊡ = 94 (6 éch.)
- ◩ = 647 (4 éch.)
- ⍌ = 3023 (2 éch.)
- ▣ = 369 (2 éch.)
- ◉ = 976 (2 éch.)

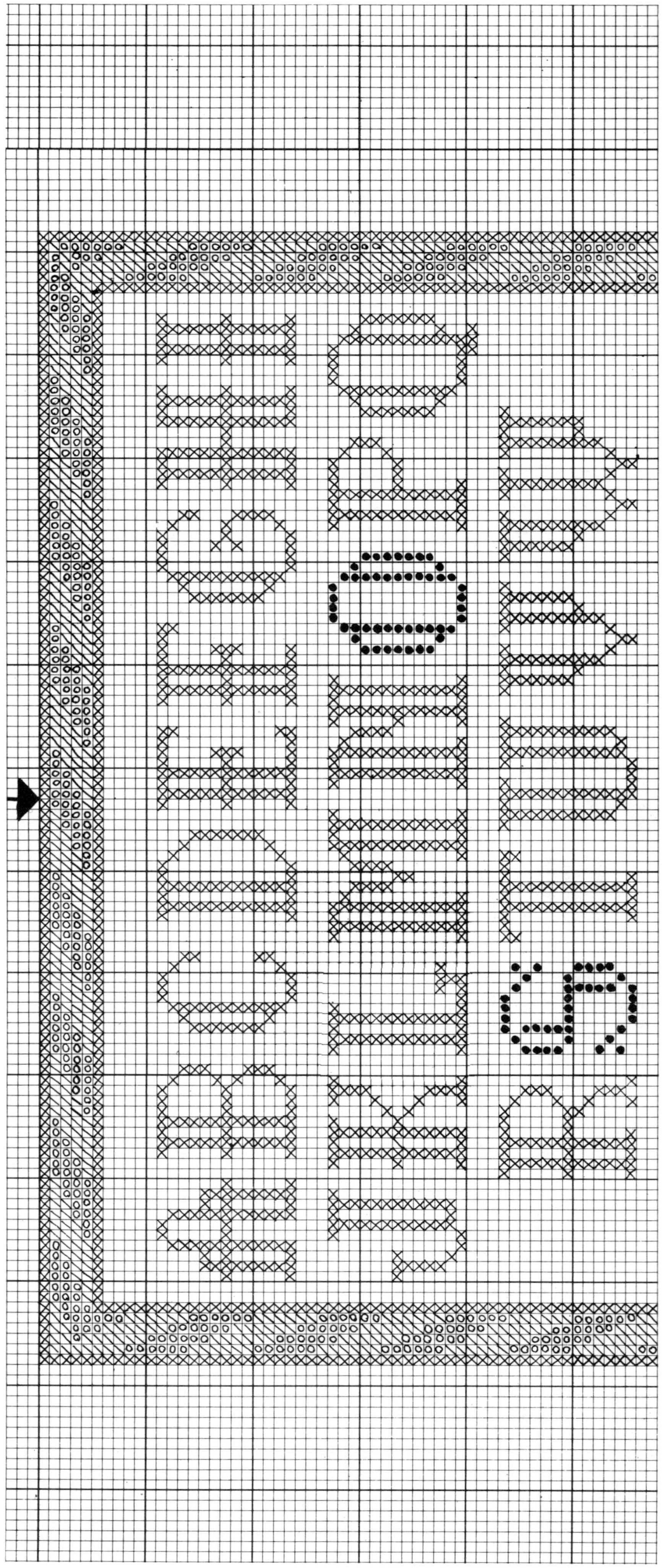

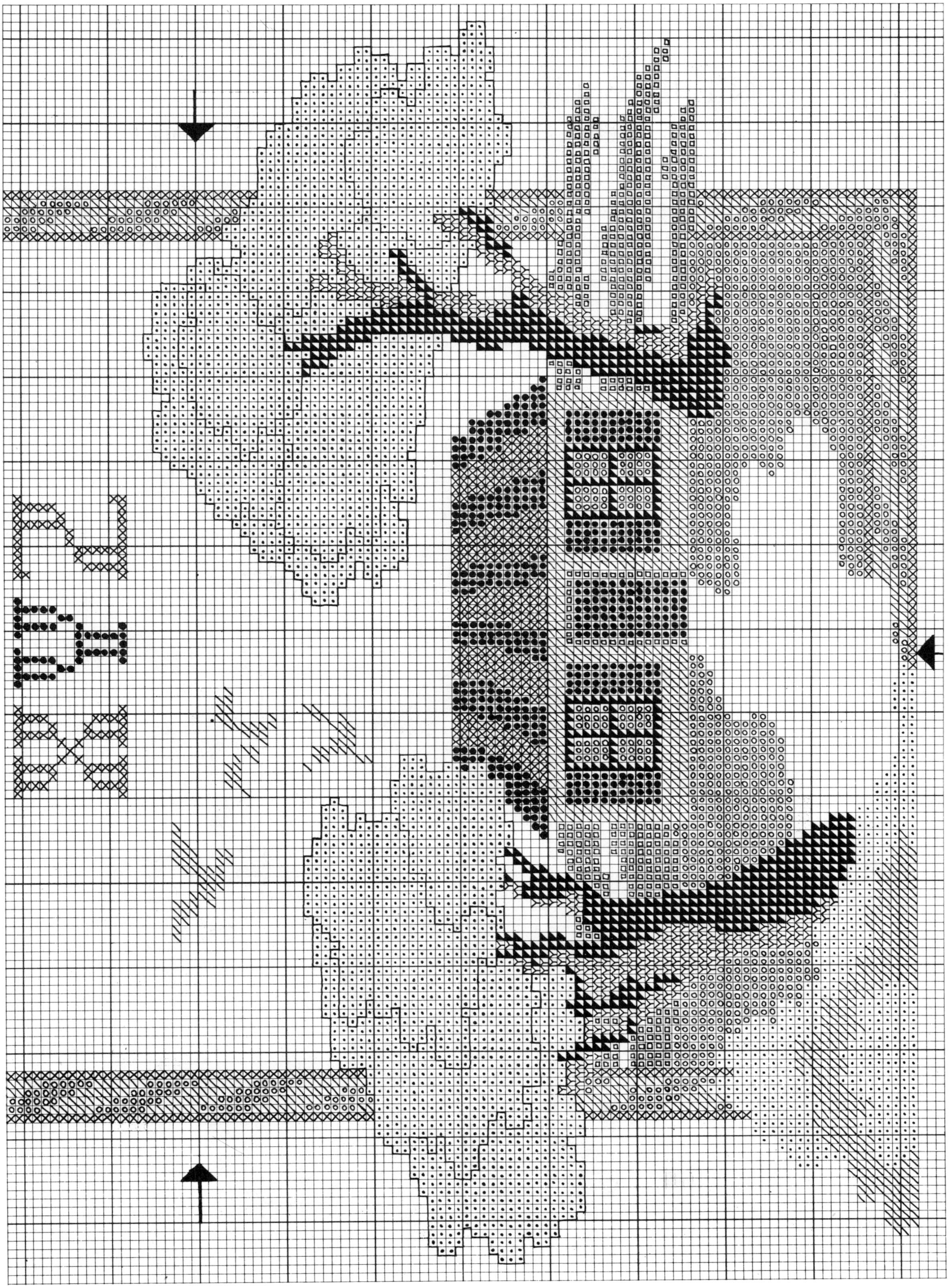

Symphonie in blues

Dimensions du motif : 210 x 340 mm / Toile Stern-Aïda 5.5 pts / cm, fil Mouliné DMC (3 brins).

◿ = 776 (1 éch.)	▼ = 3350 (1 éch.)	☒ = 825 (2 éch.)	● = 796 (2 éch.)
▣ = 961 (1 éch.)	◹ = 809 (3 éch.)	Y = 775 (1 éch.)	◎ = 996 (1 éch.)
⊡ = 3078 (1 éch.)			◩ = 336 (1 éch.)

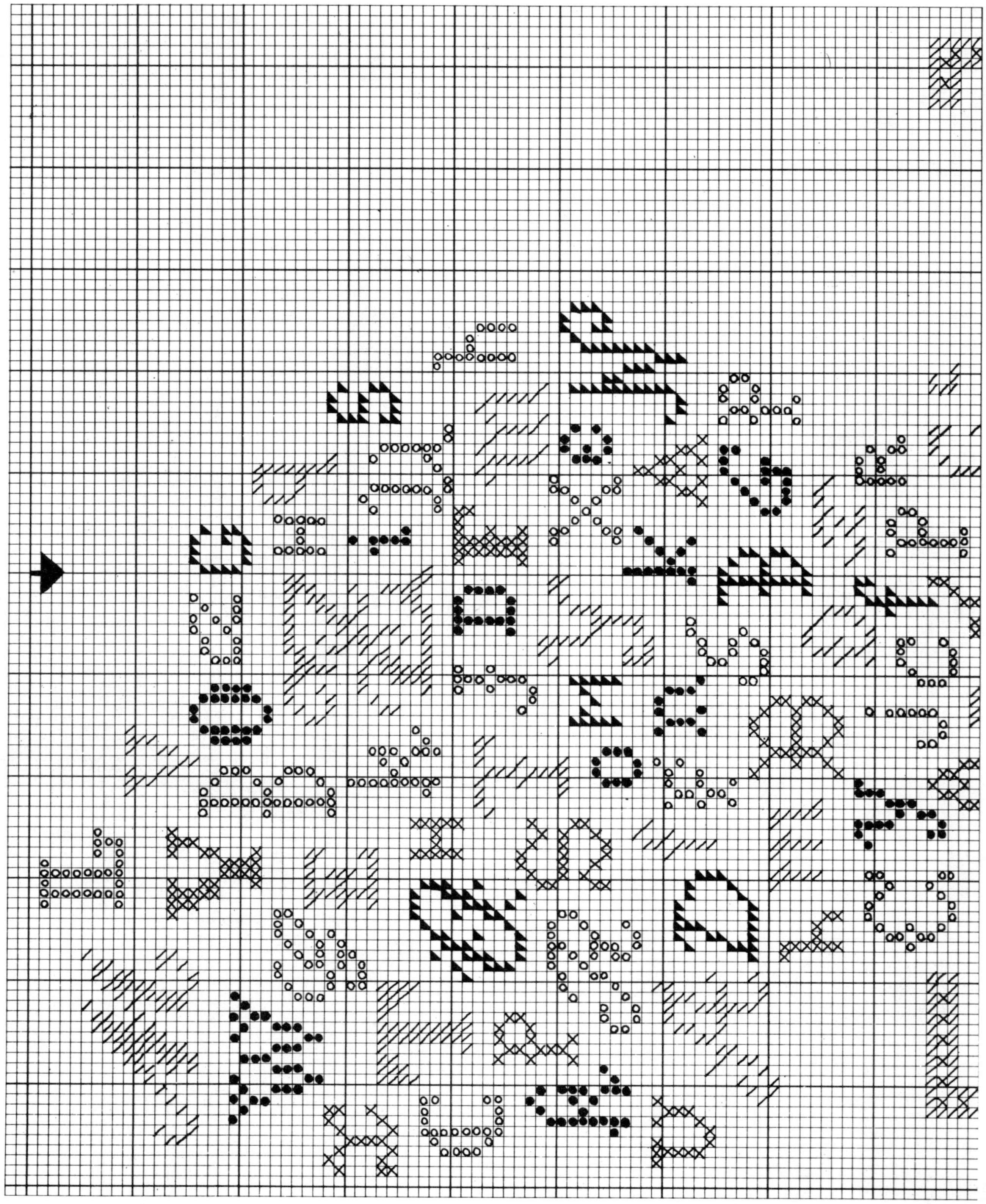

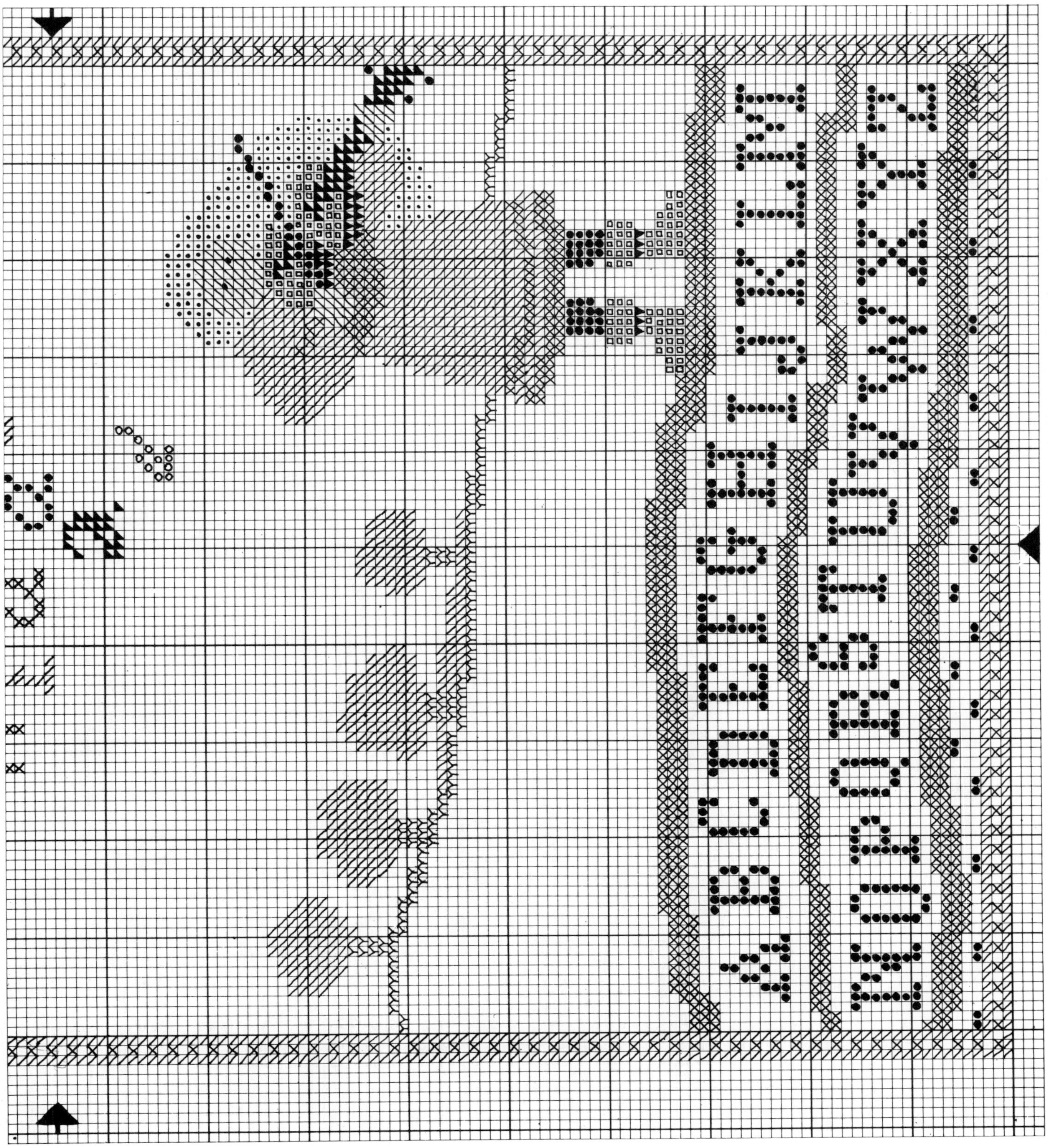

Les voyages de Bougainville

Dimensions du motif : 195 x 230 mm
Toile Stern-Aïda
5.5 pts / cm, fil Mouliné DMC (3 brins).
Les cables du bateau se brodent en deux brins, au point de piqûre, en diagonale.

- ● = 930 (2 éch.)
- ⊠ = 799 (2 éch.)
- | = 800 (2 éch.)
- ⧄ = 825 (2 éch.)
- c = 813 (2 éch.)
- Z = 3761 (2 éch.)
- L = 334 (2 éch.)
- · = 775 (1 éch.)
- — = pt piqûre, Mouliné 930

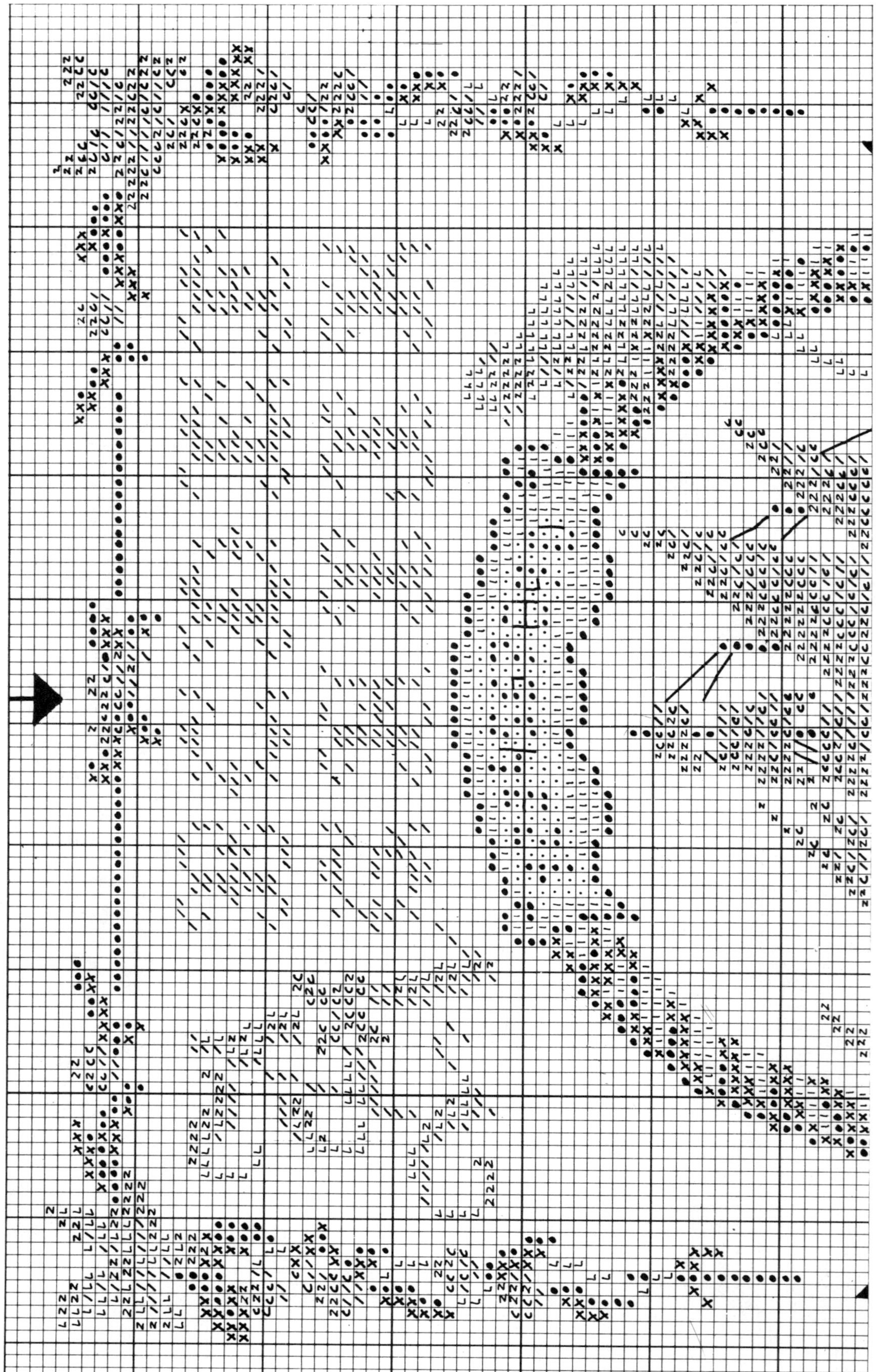

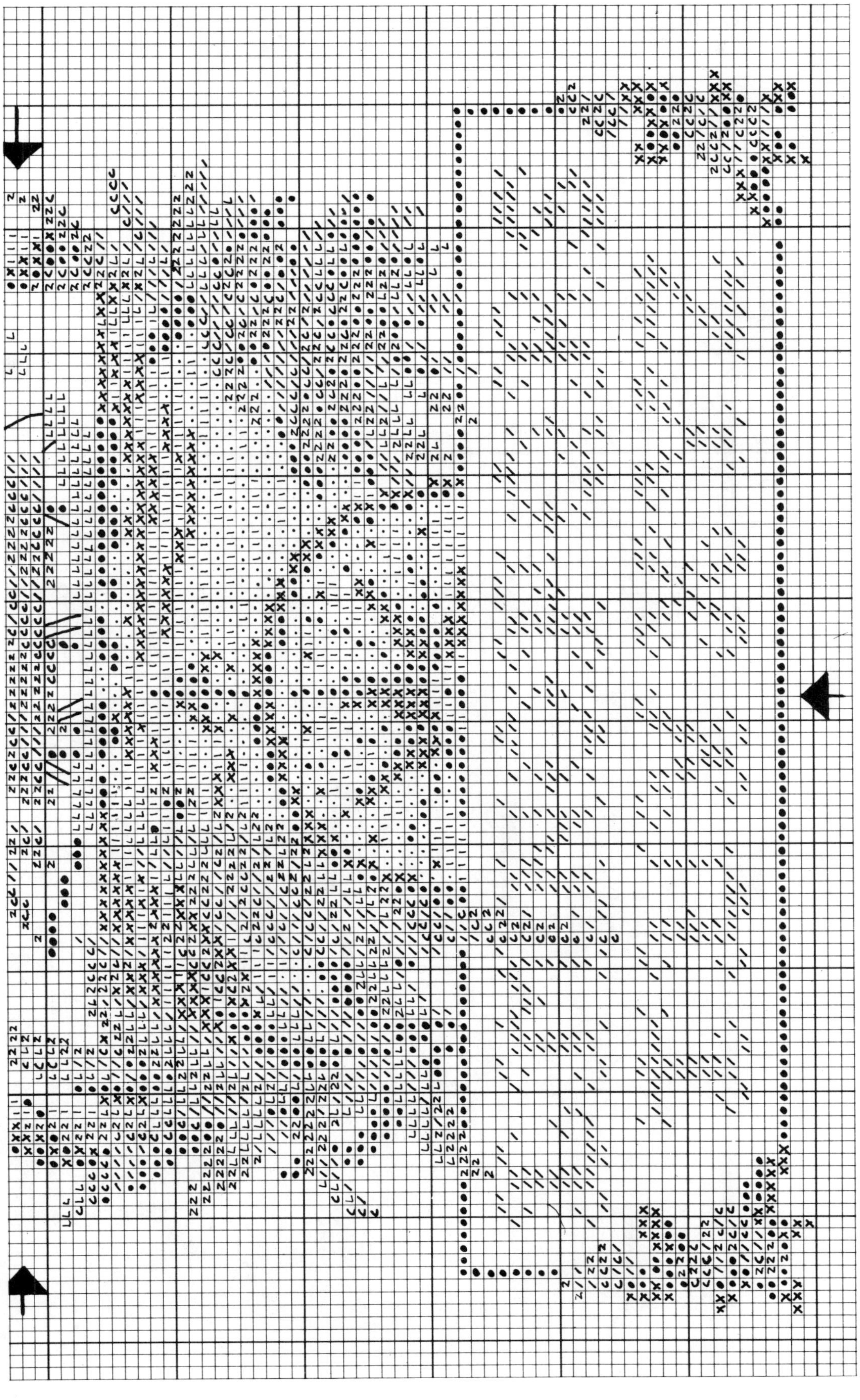

LE GRAND DÉGEL

Dimensions du motif : 190 x 125 mm
Toile Stern-Aïda 5.5 pts / cm, fil Mouliné DMC (3 brins).

- [•] = blanc (3 éch.)
- [/] = 3753 (2 éch.)
- ■ = 824 (1 éch.)
- [T] = 762 (1 éch.)
- [V] = 415 (1 éch.)
- [Z] = 318 (1 éch.)
- [Λ] = 950 (1 éch.)
- [X] = 826 (5 éch.)
- [O] = 827 (5 éch.)
- [+] = 817 (1 éch.)

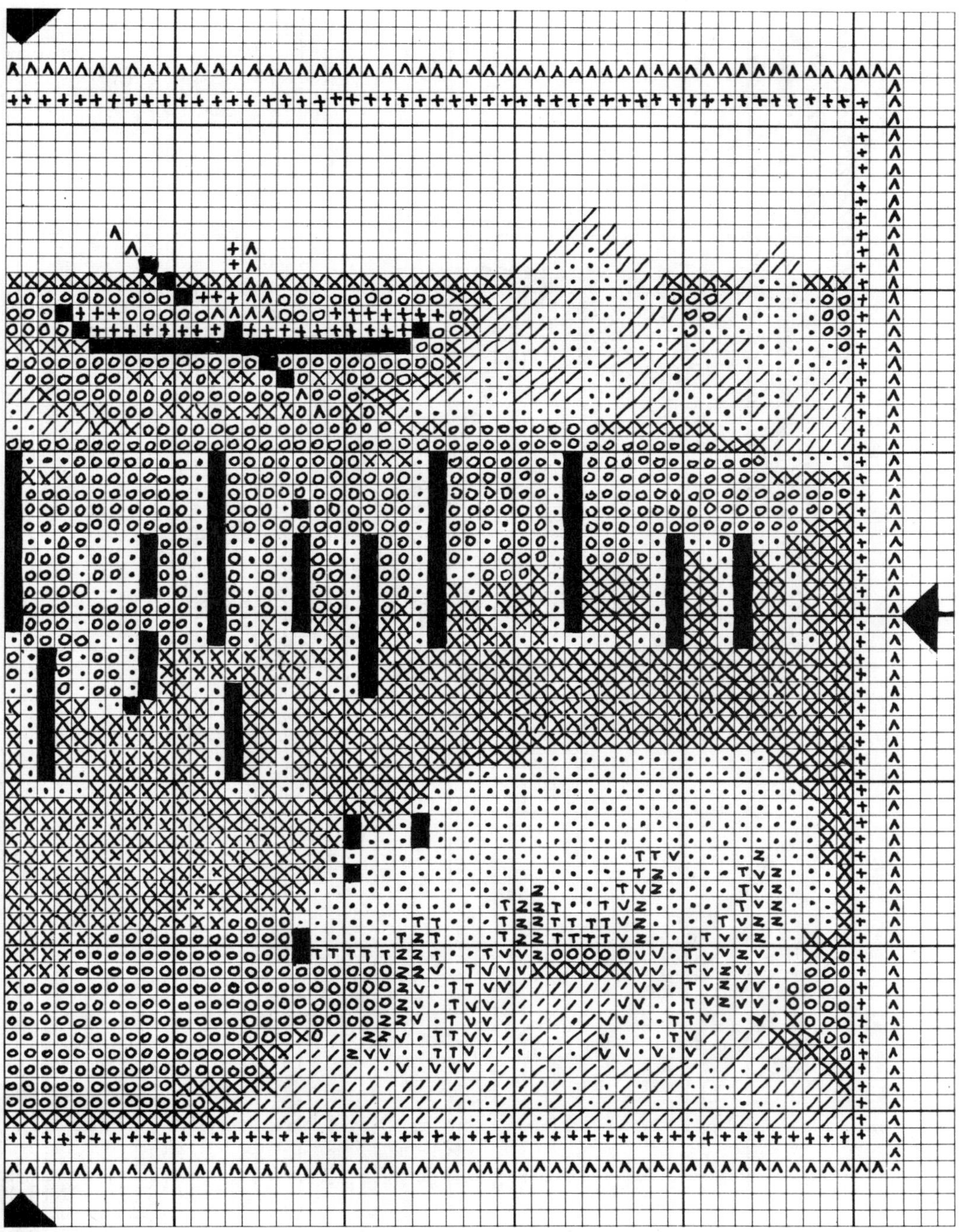

Les rennes bleus

Dimensions du motif : 190 x 215 mm
Toile Stern-Aïda 5.5 pts / cm,
fil Mouliné DMC (3 brins).

- [•] = blanc (1 éch.)
- ■ = 221 (2 éch.)
- [Λ] = 3712 (4 éch.)
- [/] = 349 (5 éch.)
- [☒] = 501 (3 éch.)
- [T] = 502 (3 éch.)
- [V] = 503 (2 éch.)
- [O] = 3753 (1 éch.)
- [N] = 932 (1 éch.)
- [Z] = 931 (1 éch.)
- œil = point de nœud

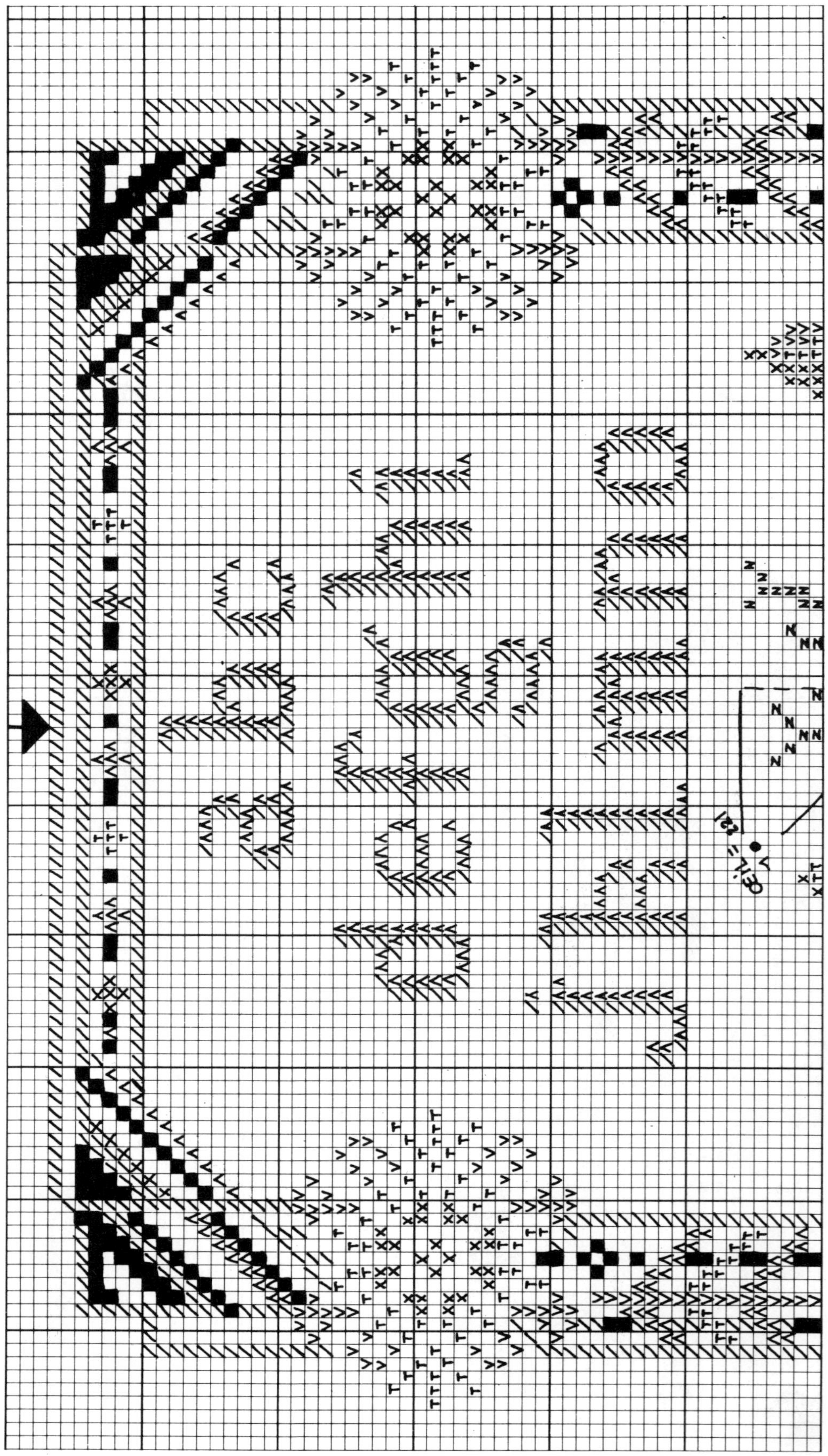

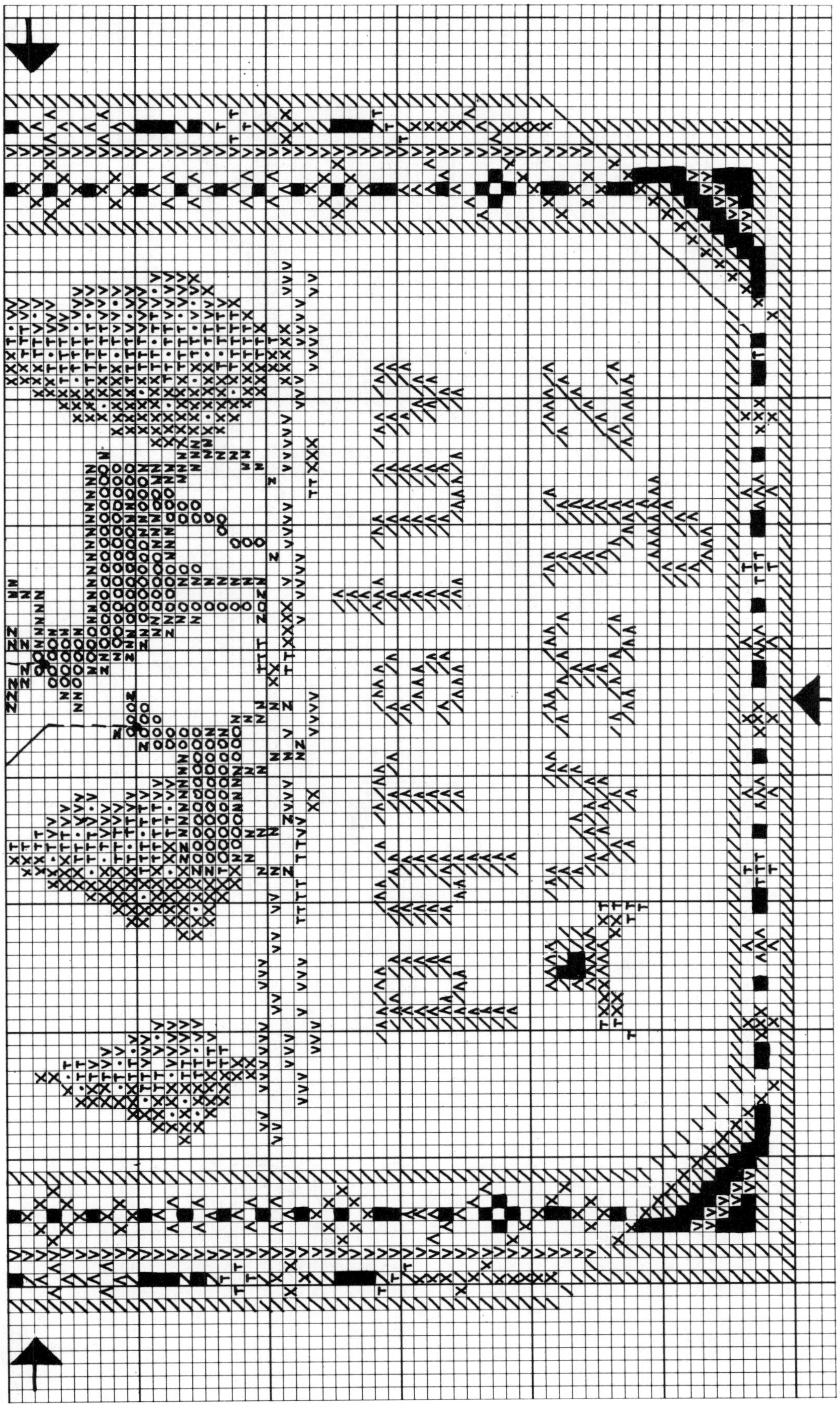

BALADE POLAIRE

Dimensions du motif : 275 x 232 mm
Toile Stern-Aïda 5.5 pts / cm, fil Mouliné DMC (3 brins).

■ = 632 (1 éch.)
⊠ = 3760 (1 éch.)
◺ = 3064 (1 éch.)
◎ = 3761 (2 éch.)
▲ = 945 (1 éch.)
● = 3753 (2 éch.)
T = 598 (2 éch.)

ALPHABET AUX OISEAUX

Dimensions du motif : 253 x 172 mm
Toile Stern-Aïda 5.5 pts / cm,
fil Mouliné DMC (3 brins).

- 3 = 333 (1 éch.)
- ● = 311 (1 éch.)
- ○ = 322 (1 éch.)
- + = 800 (1 éch.)
- V = 963 (1 éch.)
- • = 3078 (1 éch.)
- – = 744 (1 éch.)
- c = 977 (1 éch.)
- // = 3776 (1 éch.)
- ◢ = 3721 (1 éch.)
- Z = 420 (1 éch.)
- ☒ = 350 (3 éch.)
- / = 987 (3 éch.)

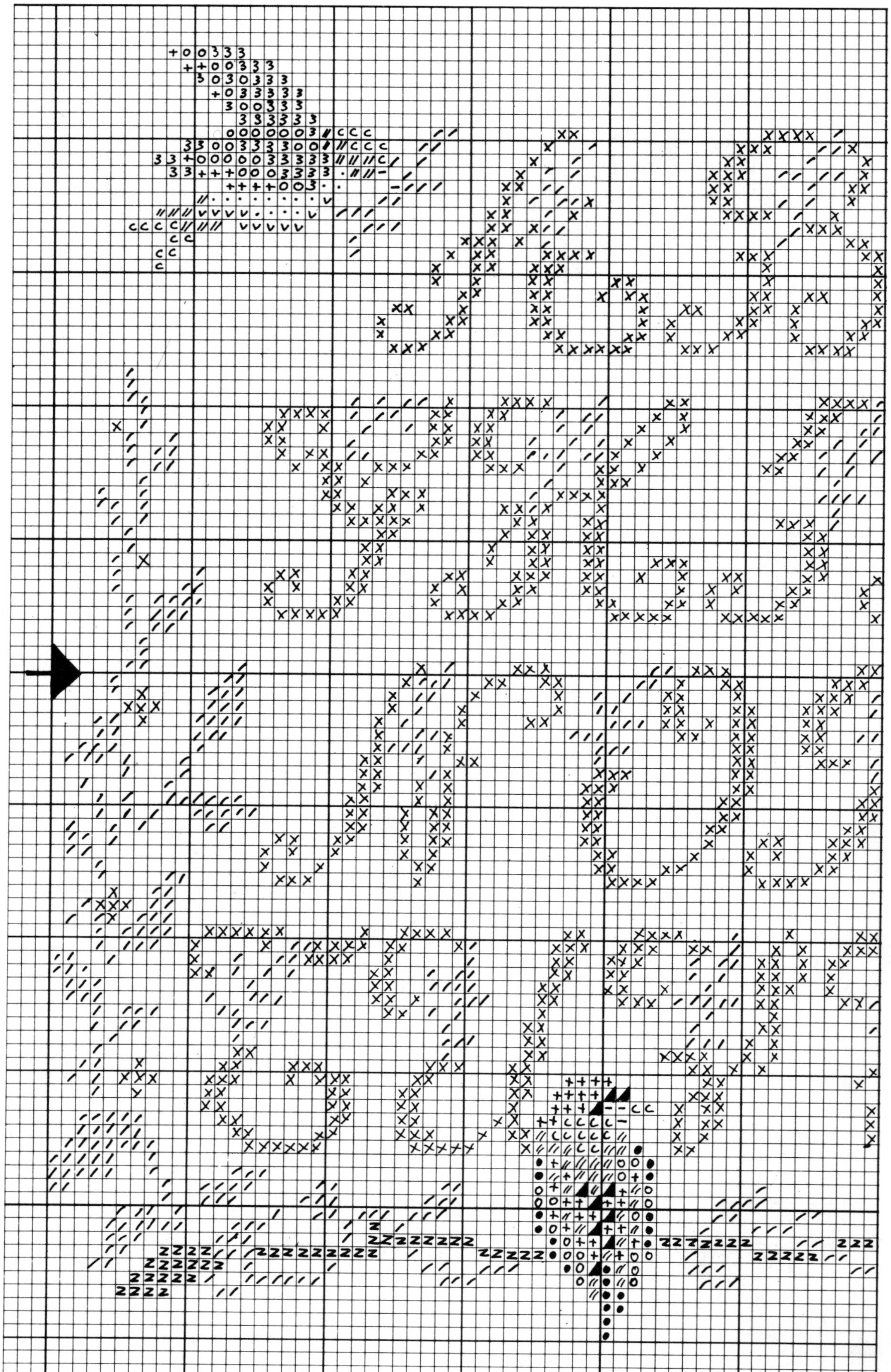

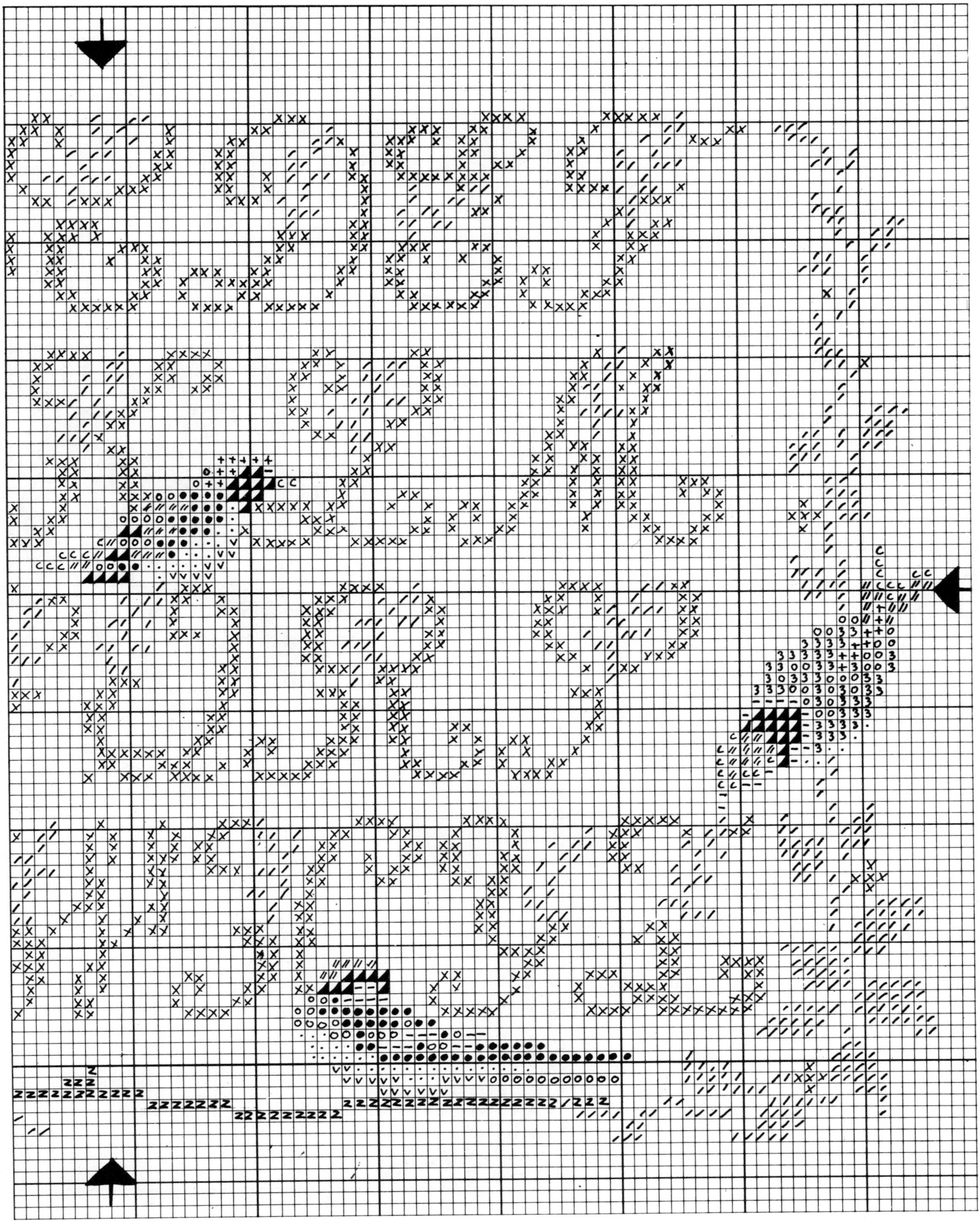

Arbre à chats

Dimensions du motif :
266 x 312 mm
Toile Stern-Aïda 5.5 pts / cm,
fil Mouliné DMC (3 brins).
Brodez les moustaches au point lancé et les yeux des chats au point de nœud avec un seul brin. Cernez les chats au point de piqûre avec deux brins de Mouliné 839. Quelques points de piqûre relieront les décorations de Noël aux branches du sapin.

- = 603 (1 éch.)
- = 543 (1 éch.)
- = 501 (6 éch.)
- = 601 (2 éch.)
- = 666 (3 éch.)
- = 603 (1 éch.)
- = 900 (3 éch.)
- = 971 (3 éch.)
- = 839 (1 éch.)
- = 452 (1 éch.)
- = 841 (2 éch.)
- = 3072 (3 éch.)

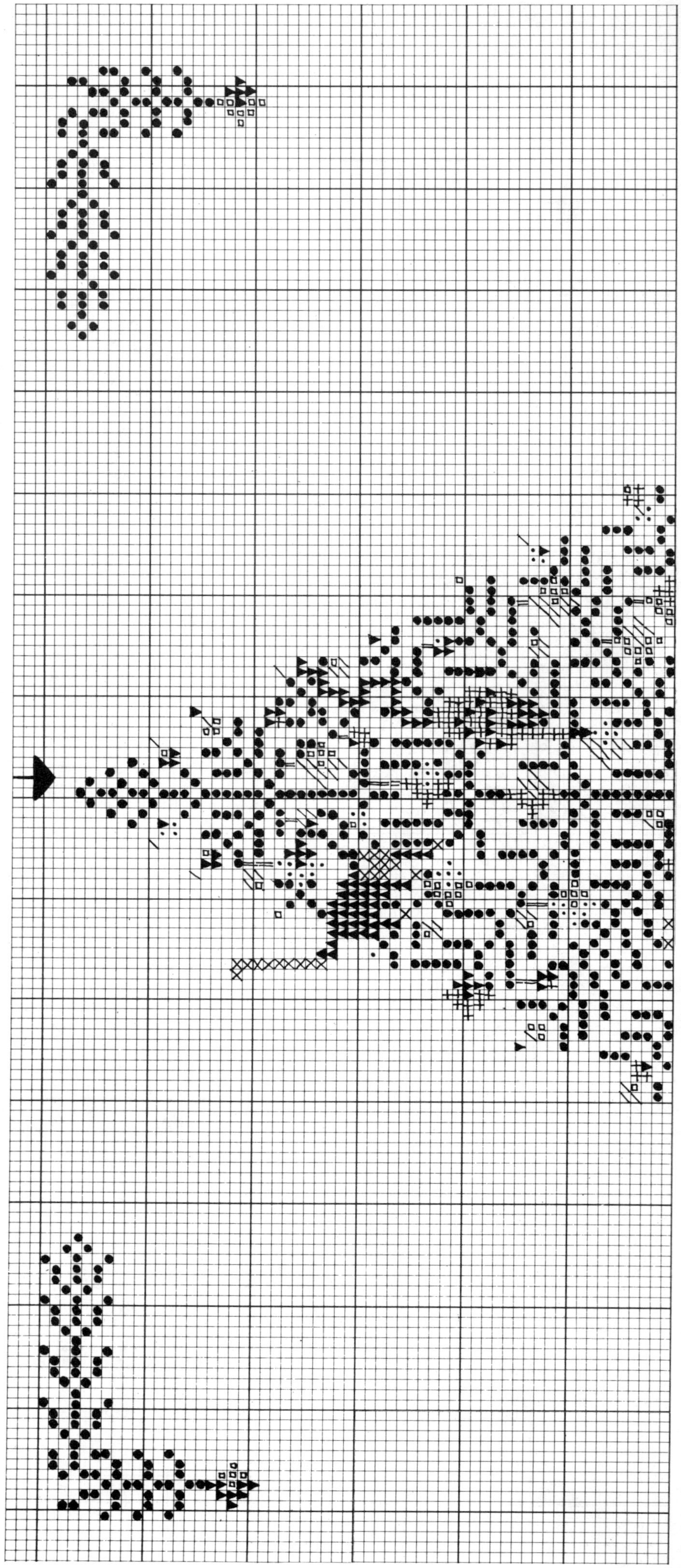

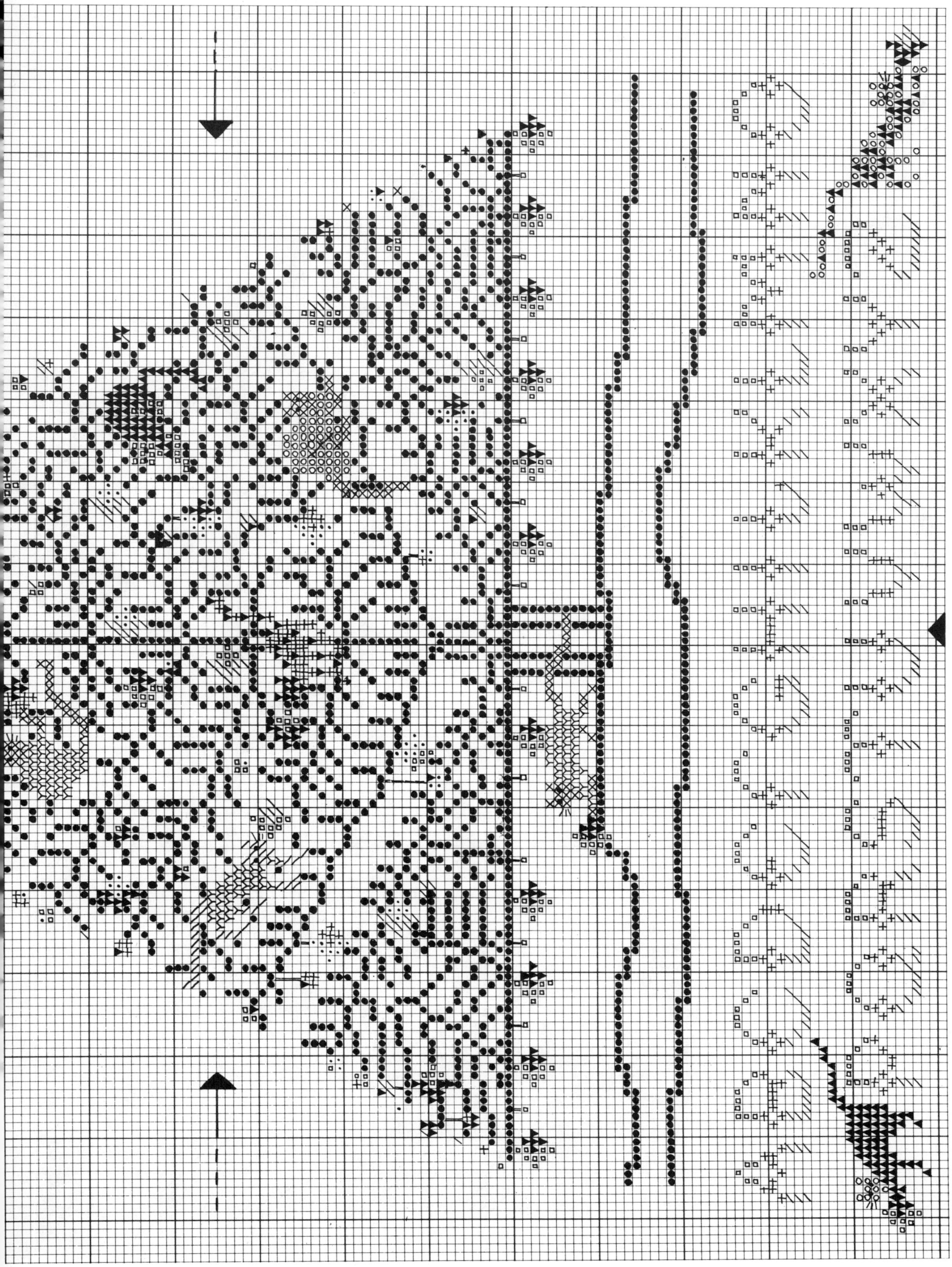

69

Victoire au sommet

Dimensions du motif : 172 x 215 mm
Toile Stern-Aïda 5.5 pts / cm,
fil Mouliné DMC.
(Ce modèle a été réalisé avec 4 brins).

- ■ = 3031 (1 éch.)
- ⊡ = 931 (2 éch.)
- ◎ = 3755 (2 éch.)
- ⧄ = 3753 (3 éch.)
- T = 642 (1 éch.)
- ⊟ = 819 (1 éch.)
- ▣ = 815 (1 éch.)
- △ = 309 (1 éch.)
- ☒ = 3752 (3 éch.)

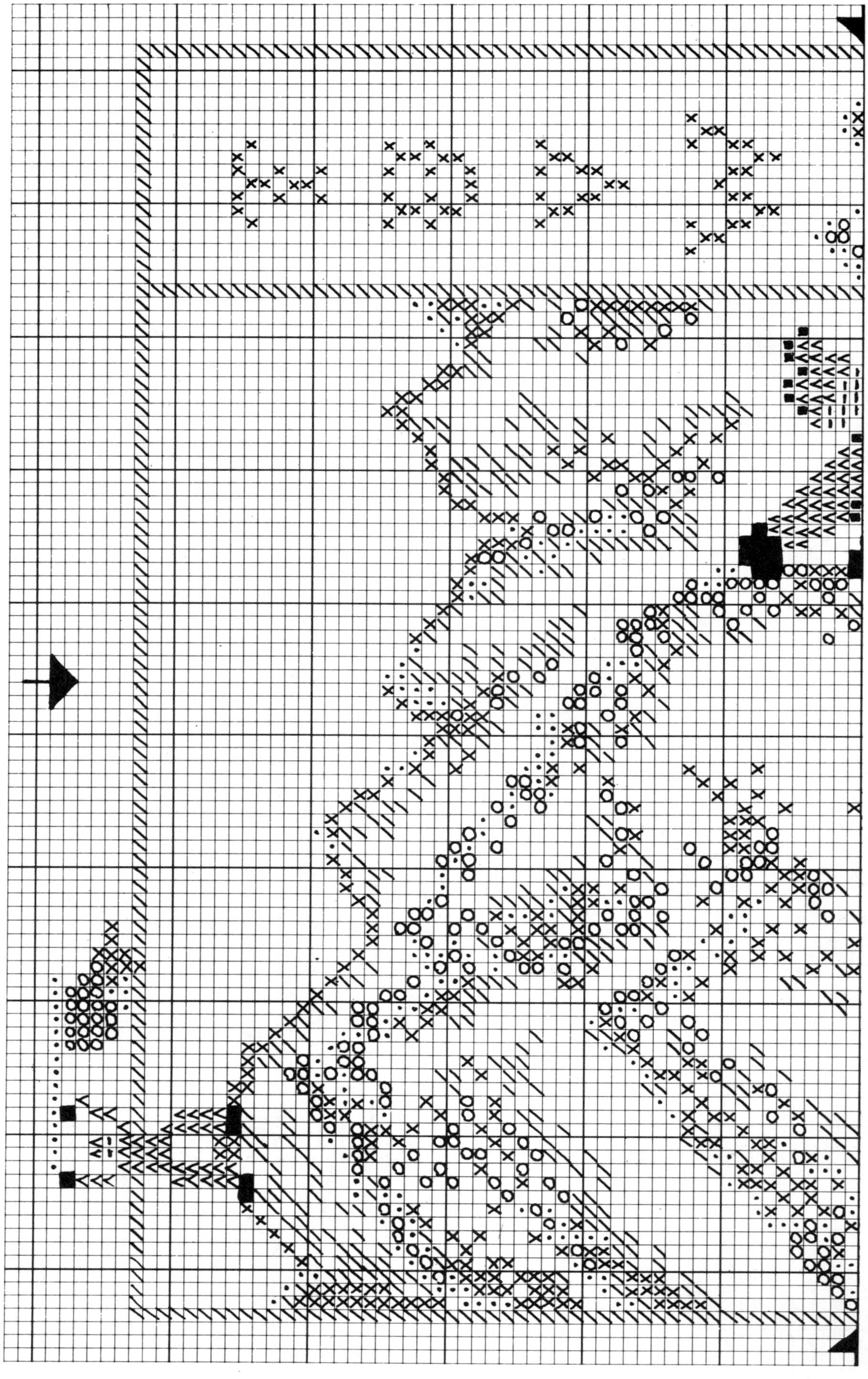

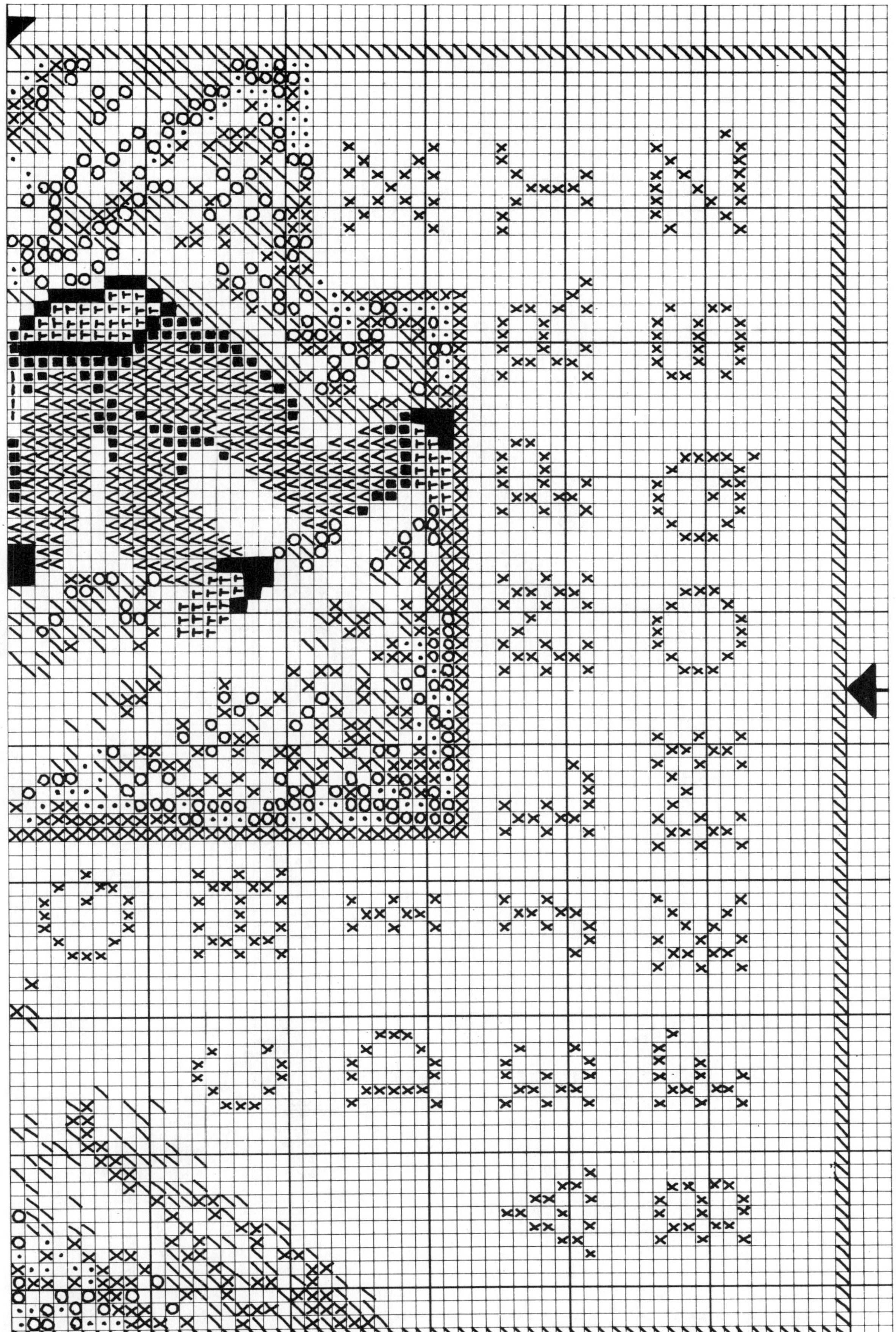

A COMME ...

Dimensions du motif : 180 x 225 mm
Toile Stern-Aïda 5.5 pts / cm, fil Mouliné DMC (3 brins).

- – = 597 (2 éch.)
- c = 598 (2 éch.)
- ■ = 829 (1 éch.)
- V = 3328 (3 éch.)
- • = 758 (1 éch.)
- + = 3753 (2 éch.)
- I = blanc (1 éch.)
- / = 518 (2 éch.)
- ● = 519 (1 éch.)
- Z = 948 (2 éch.)
- T = 437 (1 éch.)
- ⊠ = 517 (1 éch.)
- = = 504 (1 éch.)
- N = 760 (1 éch.)
- ○ = 336 (1 éch.)

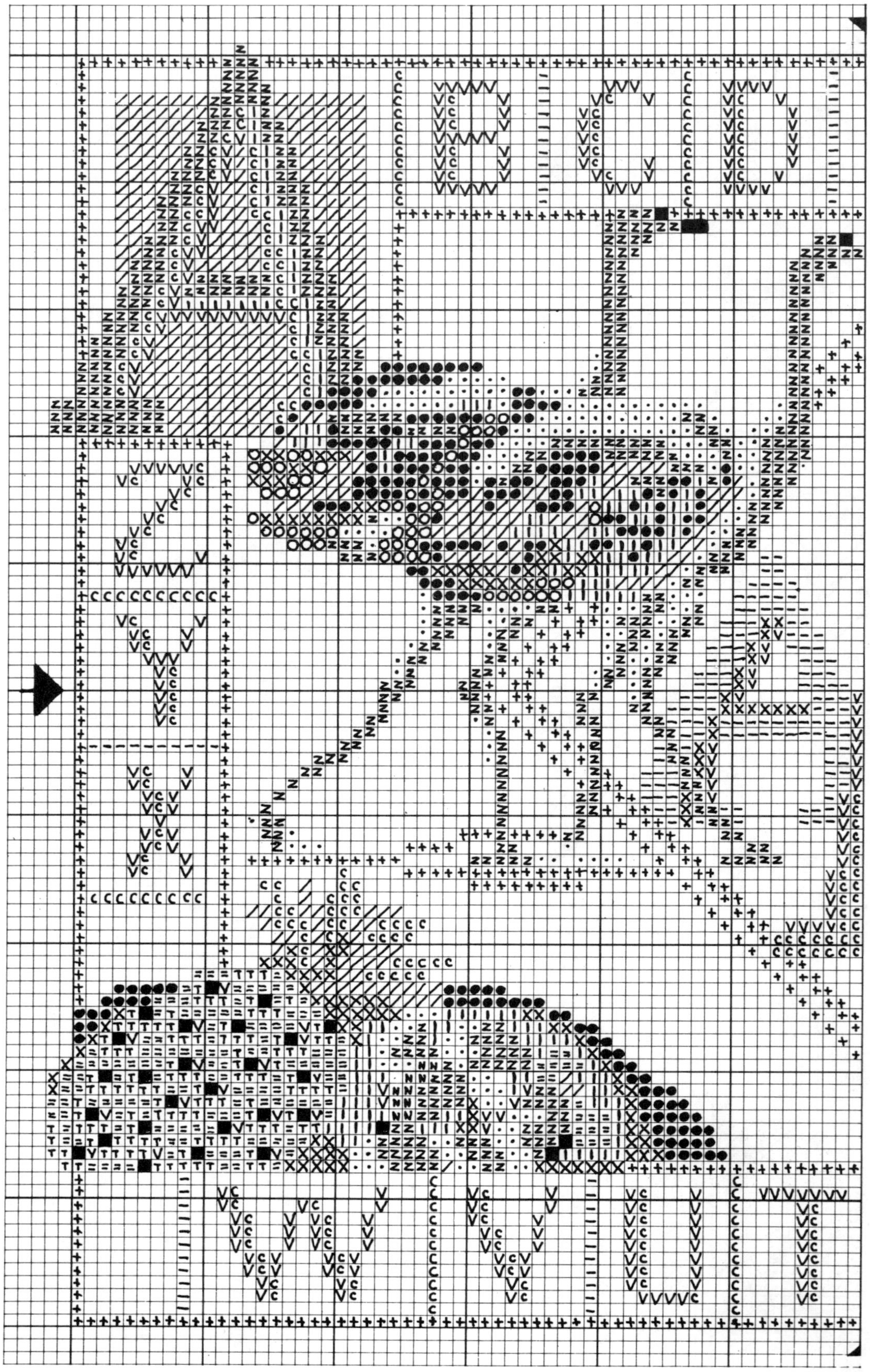

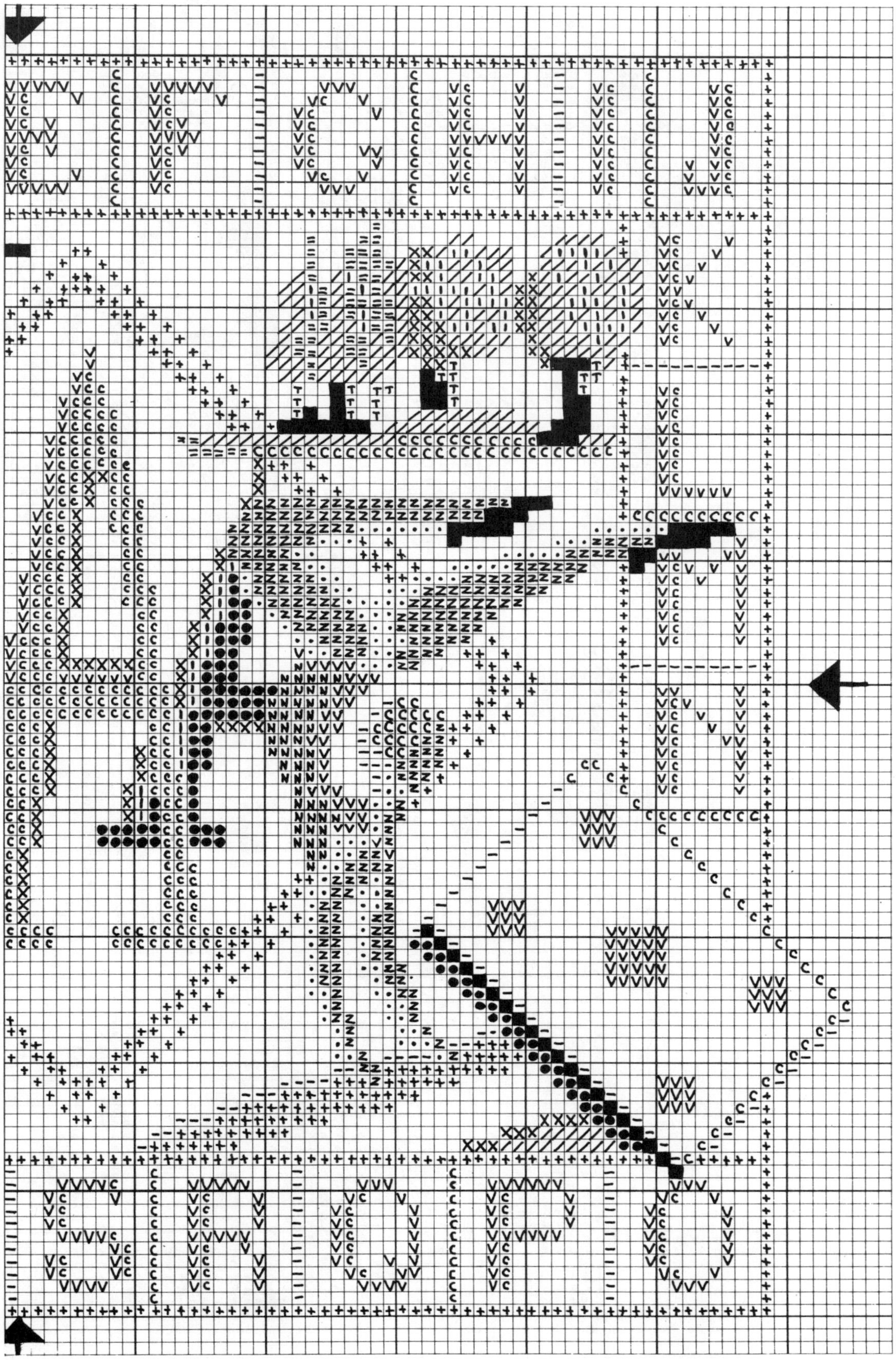

Jeux d'enfants

Dimensions du motif :
226 x 207 mm
Toile Stern-Aïda 5.5 pts / cm, fil Mouliné DMC (3 brins).
Les traits fins des "bulles", les traits de contour des chiens et les moustaches des chats se brodent en deux brins.

- ▯ = 948 (1 éch.)
- H = 754 (1 éch.)
- ◿ = 747 (2 éch.)
- ☒ = 809 (2 éch.)
- ◪ = 798 (1 éch.)
- ○ = 704 (1 éch.)
- V = 988 (2 éch.)
- ● = 351 (2 éch.)
- ⊞ = 676 (1 éch.)
- c = 402 (1 éch.)
- ⊘ = 434 (1 éch.)
- N = 436 (1 éch.)
- · = blanc (1 éch.)
- Z = 415 (1 éch.)
- ⁄ = 317 (1 éch.)
- ■ = 3799 (1 éch.)
- T = 3078 (1 éch.)
- ⊟ = 726 (1 éch.)
- — = pt piqûre, Mouliné 3799
- .... = pt piqûre, Mouliné 809

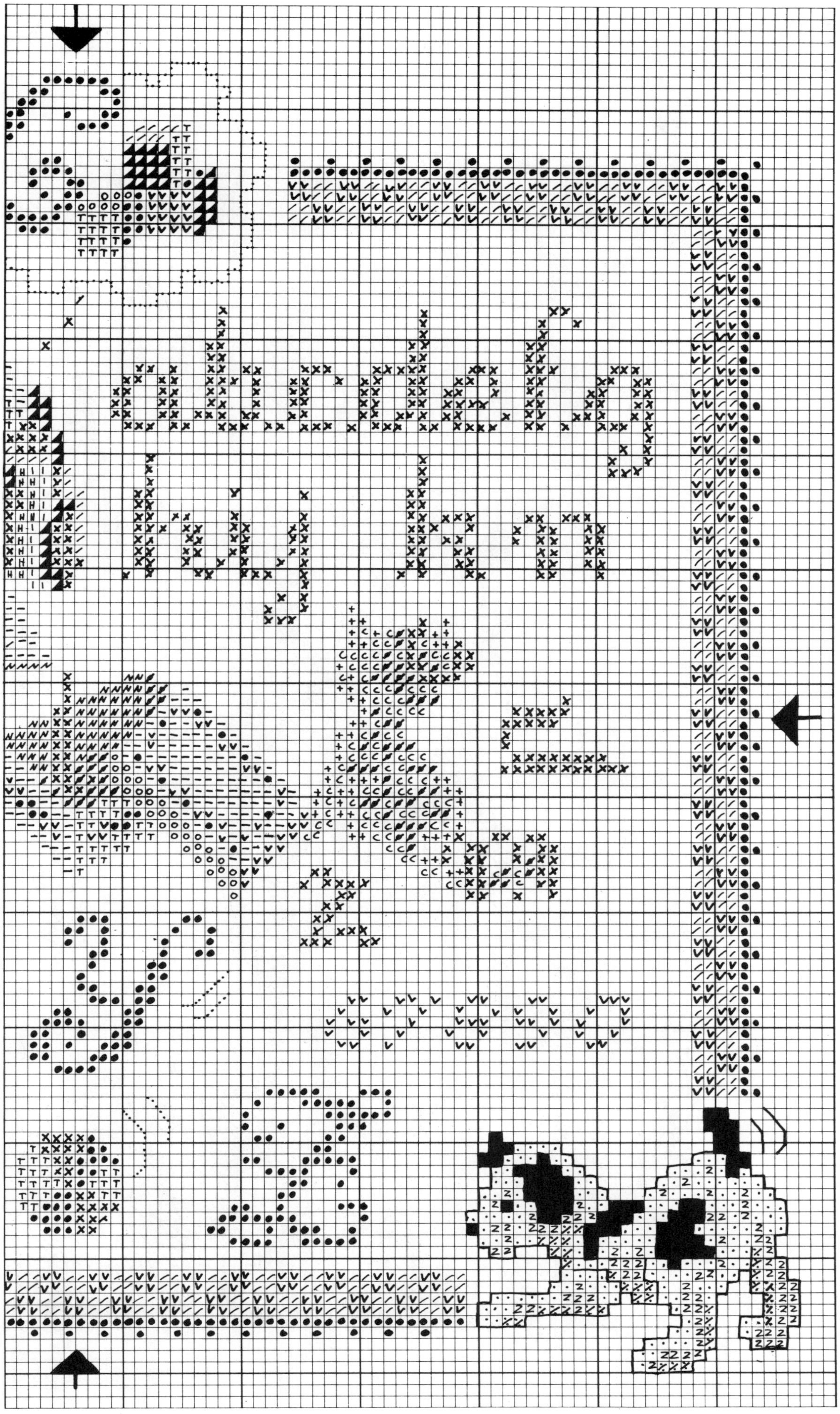

Souvenir de Watteau

Dimensions du motif : 320 x 225 mm
Toile Stern-Aïda 5.5 pts / cm,
fil Mouliné DMC (3 brins).

■ = 902 (3 éch.)
● = blanc (3 éch.)
○ = 223 (4 éch.)
◺ = 3721 (3 éch.)
V = 225 (3 éch.)
▲ = 316 (3 éch.)
☒ = 224 (4 éch.)

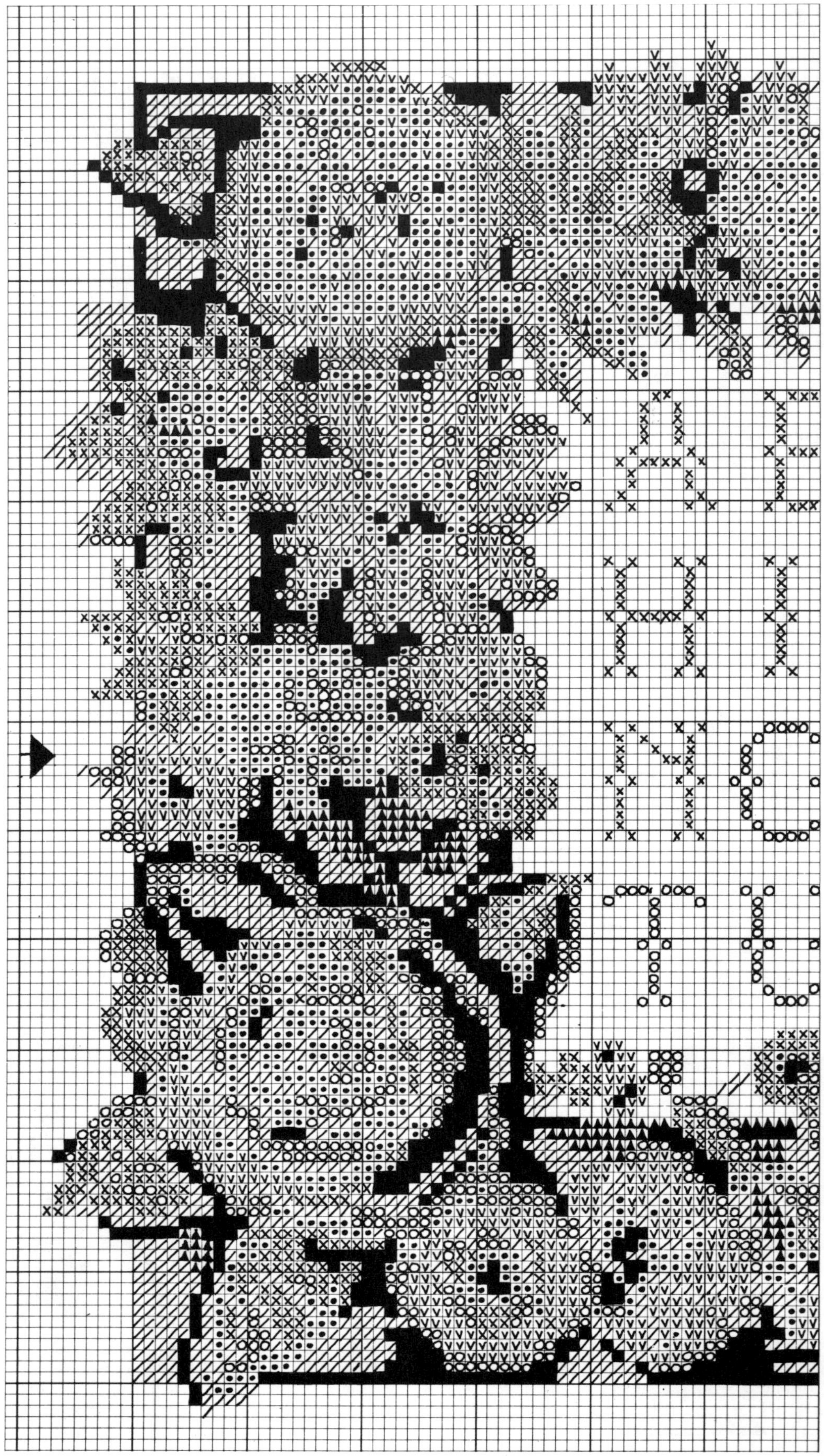

AZULEJOS

Dimensions du motif : 175 x 125 mm
Toile Stern-Aïda 5.5 pts / cm, fil Mouliné DMC (3 brins).

- ⊟ = 955 (1 éch.)
- N = 704 (1 éch.)
- ⁄· = 470 (2 éch.)
- ▼ = 3011(1 éch.)
- T = 992 (1 éch.)
- ⊞ = 445 (1 éch.)
- ⁄ = 912 (1 éch.)
- c = 986 (1 éch.)
- ◢ = 791 (1 éch.)
- ⫽ = 677 (1 éch.)
- I = 676 (1 éch.)
- H = 977 (1 éch.)
- ⊠ = 3776 (1 éch.)
- Z = 3045 (1 éch.)
- ● = 824 (1 éch.)
- ⧅ = 826 (2 éch.)
- V = 3766 (1 éch.)
- L = 959 (1 éch.)
- · = 747 (1 éch.)
- ⁄• = 3746 (1 éch.)

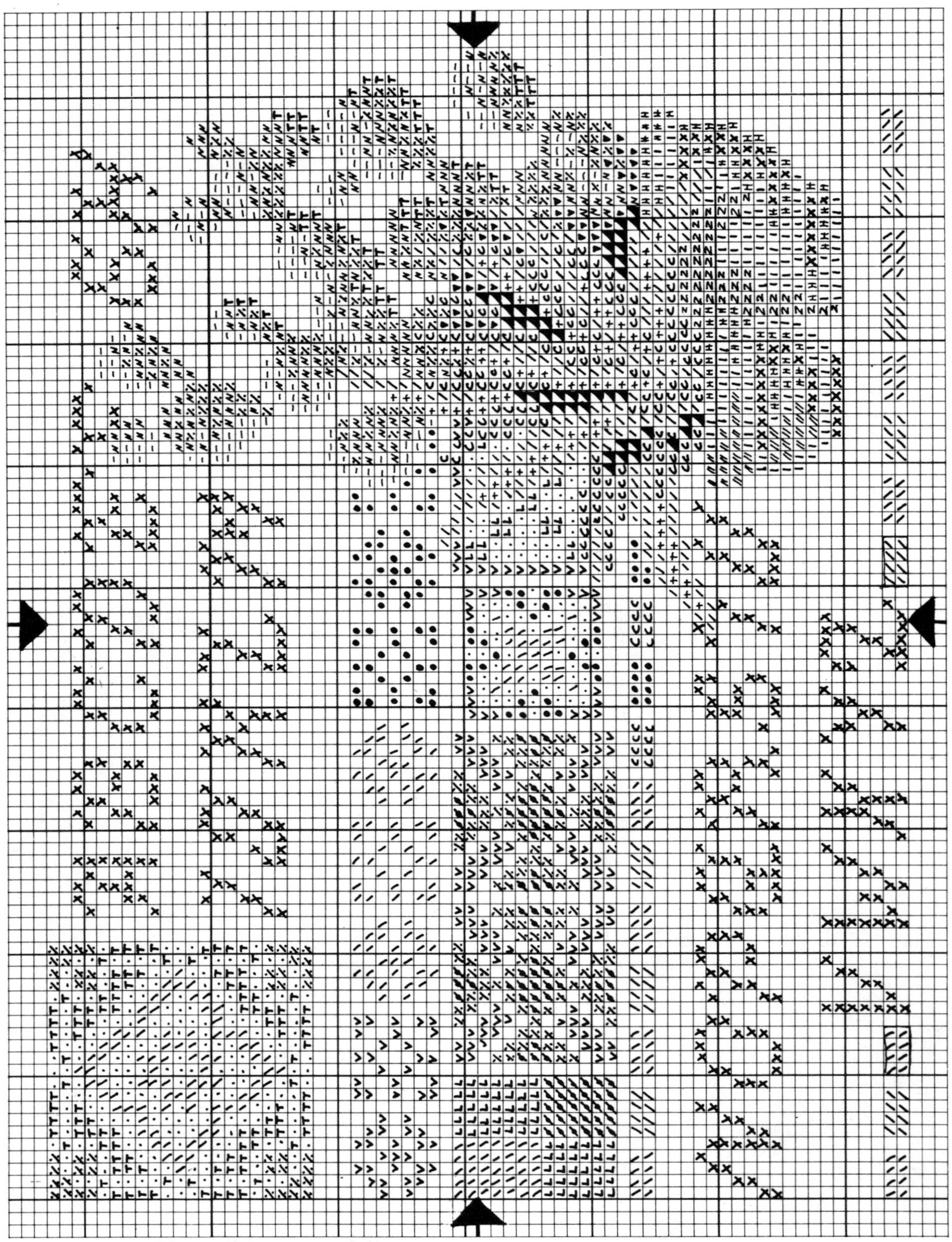

Table des Matieres

Cahier de photos

Grilles des abécédaires

Achevé d'imprimer
sur les presses de G. Canale & C.S.p.A
Borgaro Torinese (TO)

❦

Photographies :
La société Dussouillez pour les pages 8, 9, 16, 17, 20 , 21, 30, 31.
Christian de Brosses pour les autres pages.

❦

Nous remercions la société DMC
pour son aimable collaboration.

❦

Dépôt légal : Avril 1995
ISBN 2-283-58156-7